# 文化何以重要

## 与大众谈新的文化生命体与中华民族现代文明

韩庆祥 著

北京联合出版公司
Beijing United Publishing Co.,Ltd.

**图书在版编目（CIP）数据**

文化何以重要：与大众谈新的文化生命体与中华民族现代文明 / 韩庆祥著 . -- 北京：北京联合出版公司，2024.10. -- ISBN 978-7-5596-7913-0

Ⅰ . G12

中国国家版本馆 CIP 数据核字第 202432Y3R7 号

**文化何以重要：与大众谈新的文化生命体与中华民族现代文明**
作　　者：韩庆祥
出 品 人：赵红仕
策　　划：刘雅文
产品经理：陈　娟
责任编辑：李艳芬
版式设计：张　敏
责任编审：赵　娜

北京联合出版公司出版
（北京市西城区德外大街 83 号楼 9 层　100088）
北京华景时代文化传媒有限公司发行
北京中科印刷有限公司印刷　新华书店经销
字数 130 千字　　880 毫米 ×1230 毫米　　1/32　　10.25 印张
2024 年 10 月第 1 版　　2024 年 10 月第 1 次印刷
ISBN 978-7-5596-7913-0
定价：68.00 元

**版权所有，侵权必究**
未经书面许可，不得以任何方式转载、复制、翻印本书部分或全部内容。
本书若有质量问题，请与本公司图书销售中心联系调换。电话：（010）83626929

# 引　论

## 文化和文明问题研究的清理与总结[①]

党的二十大胜利闭幕后,对中华优秀传统文化、中国式现代化的文化形态、中华民族现代文明和人类文明新形态问题的研究如雨后春笋,形成了一批重要理论成果。其研究视角之多元、内容之广博、数量之庞大前所未有。本书尝试从多角度出发,对国内外文化、文明、文明形态及人类文明新形态的研究进行清理、总结与学术评析。

### 一、国外文化和文明问题研究的学术清理

"文化"和"文明"是一对直接相关的概念,研究文明,绕不开文化,研究文化,离不开文明。国外对文化

---

[①] 此部分充分吸收了笔者所带的博士生刘云霞整理出来的某些成果。

和文明的研究较早,角度各异,观点异彩纷呈。

## (一) 文化

爱德华·伯内特·泰勒(Edward Burnett Tylor),是人类学界第一个从现代意义上对"文化"概念作出界定的人。在泰勒看来,"文化"和"文明"是同义词,它们是一个复合整体,包含知识、信仰、艺术、道德、法律、习俗,以及作为社会成员的人所习得的其他一切能力和习惯。[①]泰勒对"文化"概念的界定虽不同于后来大部分人所理解的"文化"概念,却为之后许多学者研究文化问题提供了方向,并产生了重要影响。据美国人类学家阿尔弗雷德·克鲁伯(Alfred Kroeber)和克莱德·克拉克洪(Clyde Kluckhohn)在 Culture:A Critical Review of Concepts and Definitions(《文化概念和定义批判分析》)中的记载,20世纪前20年,人类学界仅有6条关于文化的新定义。1920—1951年,文化研究进入高峰,美国人类学界突然间冒出了高达164种"文化"定义。克鲁伯和克拉克洪认为,这些"文化"定义大致可分为描述性

---

[①] [英]泰勒:《原始文化》,蔡江浓编译,浙江人民出版社1988年版,第1页。

定义、历史性定义、规范性定义、心理性定义、结构性定义和遗传性定义六种。

1952年,克鲁伯和克拉克洪重新给文化下了定义,并在西方世界产生了广泛影响。他们认为,文化是包括各种外显或内隐的行为模式;它通过符号的运用使人们习得及传授,并构成人类群体的显著成就,包括体现于人工制品中的成就;文化的基本核心包括由历史衍生及选择而成的传统观念,尤其是价值观念。[①]1985年,哲学家恩斯特·卡西尔(Ernst Cassirer)在其著作《人论》中也提出了类似的观点。[②]1955年,梅尔维尔·赫斯科维茨(Melville Jean Herskovits)在《文化人类学》中进一步提出,文化是一切人工创造的环境,也就是说,除了自然原生态之外,所有由人添加上去的东西都可称为文化。[③]由此可以看出,赫斯科维茨所理解的文化已经具有了"人化"的意义,但他又扩大了人的主体性,使文化仿佛成了一个筐。20世纪80至90年代,郝夫斯特

---

[①] 邵汉明主编:《中国文化研究二十年》,人民出版社2006年版,第415页。
[②] 参见[德]恩斯特·卡西尔:《人论》,甘阳译,上海译文出版社1985年版,第33页。
[③] 参见周松波:《方圆之探——解码中西文化》,人民出版社2010年版,第4页。

（Hofstede）在赫斯科维茨的"文化"概念的基础上提出，文化是具有相同的教育和生活经验的许多人所共有的心理程序（Collective Mental Programming）。这种心理程序形成某一地区的人们以某种特殊的方式思考、感觉和行动的心理定式（mindset）。①

总体来看，从泰勒最初对"文化"概念作出的界定，到20世纪末郝夫斯特对文化的理解，国外对文化的研究具有一定的共性，即大部分国外学者都承认，文化是"人化"的结果，是人类活动外化的创造物，都认为文化具有总体性、习得性、适应性等特征。这为我们理解什么是文化提供了启发。

### （二）文明

国外对文明问题的研究，主要集中于对"文明"概念的界定、对文化和文明关系的解析等。后来，随着"文明"概念向不同学科渗透，也有一些学者基于各自的学科，表达了对文明的看法。

对"文明"概念的界定。1756年，米拉波侯爵

---

① 参见周松波：《方圆之探——解码中西文化》，人民出版社2010年版，第3页。

（Comte de Mirabeau）在《人类之友》中正式提出"文明"概念，把"文明"看作一种描述性概念，近似于一种对社会状态的解释性工具。米拉波将文明理解为一种礼貌的、规范的社会群体。① 后来，随着文明的基础——宗教的瓦解，文明逐渐世俗化并演化为一种理性的典范。

伴随进化论的发展和传播，国外思想界引发了一场革命。弗朗索瓦·皮埃尔·吉尧姆·基佐（François Pierre Guillaume Guizot）（1787—1874）、约瑟夫·阿瑟·戈比诺（Joseph Arthur Comte de Gobineau）（1816—1882）、托马斯·亨利·赫胥黎（Thomas Henry Huxley）（1825—1895）、奥斯瓦尔德·斯宾格勒（Oswald Spengler）（1880—1936）等人重新定义了文明。他们对文明的定义基本遵循进化论的一般逻辑，体现了一种文明的等级观。这种文明观也为"欧洲中心主义"埋下了种子。② 例如，基佐认为，文明是一个一般的事实，欧洲

---

① 参见［美］布鲁斯·马兹利什：《文明及其内涵》，汪辉译，商务印书馆2020年版，第15页。
② 虽然斯宾格勒曾经批判"欧洲中心主义"是一种"历史的托勒密体系"，呼唤建立"历史的哥白尼体系"，但是欧洲文明具有独特优势的观念在他内心根深蒂固，决定了他的批判不可能彻底。同时，这种进化论意义上的文明观在一定程度上影响了之后的文明研究，后来的研究大多围绕"欧洲中心主义"而展开。

## 文化何以重要

### 与大众谈新的文化生命体与中华民族现代文明

文明存在某种一致性，世界上存在一个关于文明的普遍史。[①]戈比诺认为，世界上存在一个"文明阶梯"，文明的等级由高到低依次是白种人、黄种人、非洲人。其中，种族决定了文明的等级。[②]同一时代，日本学者福泽谕吉则认为，文明是一个包罗万象的存在，至大至重，并不断向前发展。福泽谕吉根据当时的历史基本事实指出，东方各国应该以西洋文明为目标，但又不止于西洋文明。文明发展是无止境的，西洋文明并不是尽善尽美的存在。千百年后，人们必将为欧洲文明之野蛮而哀叹。[③]孟德斯鸠、伏尔泰等人则是从生活方式、价值观念等角度对文明进行界定。19世纪，欧洲社会经济、政治危机此起彼伏，资本主义制度的权威频繁受到挑战。吕凯尔特（H.Rückert）、涂尔干·迪尔海姆（Emile Durkheim）等人据此提出，"统一的文明"只是一种虚妄，是不切实际的幻想，人们应该关注的是各民族的文明，即不同的民族有各不相同的、与之相适应的文明。之后，civilization

---

① 参见［法］弗朗索瓦·皮埃尔·吉尧姆·基佐：《欧洲文明史》，钱磊译，台海出版社2016年版，第3—7页。
② 参见［美］布鲁斯·马兹利什：《文明及其内涵》，汪辉译，商务印书馆2020年版，第68—69页。
③ 参见［日］福泽谕吉：《文明论概略》，北京编译社译，商务印书馆1959年版，第11页。

出现了复数形式，多元的文明观开始形成。

法国著名历史学家费尔南·布罗代尔（Fernand Braudel）在《文明史纲》（1962）中，梳理了"文明"概念从单数到复数的流变，并对单数文明和复数文明作了界定。布罗代尔认为，一种文明（或一种文化）是其文化财富（biens culturel）的总和；其地理区域是其文化的领地；其历史是文化的历史；一种文明遗留给另一种文明的东西，无论是物质的还是精神的，都是一种文化借用（emprunts）或是一种文化迁移（transferts culturels）。1819 年前后，文明开始具有复数的形式，被看作一个时期或一个群体的集体生活的共有特征。[①] 布雷特·鲍登（Brett Bowden）在《文明的帝国：帝国观念的演化》中阐述了西方国家以文明之名，在全世界推行文明标准的事实。鲍登认为，文明是一个"评价——描述性"概念，它不仅具有描述性功能，也蕴含价值承载或规范性的内在品质，它拥有强大的思想力量和思想功能。因此，文明才会在塞缪尔·P. 亨廷顿（Samuel P. Huntington）"文明冲突论"的鼓吹下迎来新的研究高潮，并作为一种分

---

[①] 参见［法］费尔南·布罗代尔：《文明史纲》，肖昶等译，广西师范大学出版社 2003 年版，第 26 页。

文化何以重要
与大众谈新的文化生命体与中华民族现代文明

析和决策工具被广泛运用于世界政治实践，在西方国家形成了一整套文明标准。然而，这本质上是对"文明"概念的误解和操纵。

对文明和文化关系的解析。文明和文化的区分，最早是包括托马斯·曼（Thomas Mann）和西格蒙德·弗洛伊德（Sigmund Freud）在内的学者提出来的。19世纪，"文明"和"文化"几乎是同义语，比如，泰勒就将二者在同一意义上使用，黑格尔也一直交替使用"文化"和"文明"概念。到19世纪末20世纪初，一些德国社会学家试图将"文明"和"文化"归纳为一般意义上的文化的两个方面。部分美国学者如莱斯特·F.沃德（Lester F.Ward）、阿尔比恩·斯莫尔（Albion Small）和巴斯（Barth）等人就认为，文化表现为"人对自然的支配"，文明表现为"人对其自身的支配"。这种观点颇为独到且有启发性。德国著名社会学家诺贝特·埃利亚斯（Norbert Elias）在《文明的进程：文明的社会起源和心理起源的研究》（1936）中，重点阐述了德语中的"文化"和英法意义上的"文明"的相互关系。阿诺德·约瑟夫·汤因比（Arnold Joseph Toynbee）认为，文明是人类社会的高级形态，文明由政治、经济和文化构成。换言之，文化是文明的组成部分。这种民族主义的文化观受到了杰弗里·赫尔夫（Jeffrey Herf）和亚当·库珀（Adam Kuper）等人的反对和嘲讽。总体来说，文明和文化到底是什么关系，国外学术界尚未形成统一的定论。但在文明和文化孰高孰低的问题上，大多数学者认为，文明是文化发展到一定阶段的结果，文明高于文化。

对文明的多角度阐释。弗洛伊德从心理学角度阐述了自己的文明观，他认为，文明是人类全部的成就和规则，而人类文明则是"人类生命从其动物状态提升而来，而且不同于野兽生命的所有那些方面"①。赫伯斯·马尔库塞（Herbert Marcuse）从哲学角度讨论了文化和文明，认为文明属于物质世界，文化属于精神世界与心灵世界。②文化生态学者朱利安·斯图尔德（Julian Steward）提出了"多线进化论"观点，他认为，文化人类学研究遵循科学的原则，在文化形态变迁的过程中，不同文化类型在各自独立发展的基础上，存在着某些一再重复出现的、共同的发生规律或因果关系，即存在"跨文化的规律性"，这

---

① ［奥地利］西格蒙德·弗洛伊德：《文明及其缺憾》，车文博主编，九州出版社2014年版，第96页。
② 参见欧力同、张伟：《法兰克福学派研究》，重庆出版社1990年版，第241页。

体现了文化形态发展序列上的历时性和功能上的共时性特点。① 赫胥黎从生物学角度提出了伦理进化论的文明，诺贝特·埃利亚斯在社会学意义上阐述了他的文明观，汤因比、基佐等人则是以历史哲学的眼光来研究文明。

综上所述，米拉波最初提出的文明，是对特定阶级的特有行为、特殊社会状态的描述。后来，伴随着西方社会的思想变革，文明逐渐被赋予一般、规则、统一、标准、民族等价值意义，如基佐的"文明是一般事实"、戈比诺的"文明阶梯"、弗洛伊德的"文明规则"等，西方文明概念逐渐演化为一种评价性范畴。这为西方国家后来行使"文明开化使命"提供了"合理"的借口。

### （三）文明形态

斯宾格勒、汤因比、尼古拉·丹尼列夫斯基、路易斯·亨利·摩尔根（Lewis Henry Morgan），以及文化人类学的很多学者，均对文明形态作过研究。摩尔根和泰勒是最早从单线进化论角度分析人类社会发展史的两位人类学家。在《古代社会》中，摩尔根将人类文化发

---

① 参见［美］J. 斯图尔德：《文化变迁论》，谭卫华译，贵州人民出版社2013年版，第9页。

展划分为蒙昧时代、野蛮时代和文明时代三个阶段。①尼古拉·丹尼列夫斯基在《俄罗斯与欧洲》中以文化为单位，提出每一种文化历史类型都经历了产生、发展、繁荣、衰落，再到最终退出历史舞台的历史过程。②在《西方的没落》中斯宾格勒以文化为研究单位，提出文化是一种生物有机体，人类社会一直在循环往复地经历前文化、文化和文明三个阶段，文明是文化的衰亡和宿命。汤因比用"文明"替换了斯宾格勒使用的"文化"，提出文明是人类社会发展的高级形态，人类社会都会经历起源、发展、衰落和解体四个阶段。

总体来看，国外较早开始对文明形态的研究，形成了较为统一的观点。他们大都认为，文明形态是以文明为历史研究单位，进而对内嵌于一定社会形态的文明类型及其演进规律进行分析、研究的范畴。

## 二、国内文化和文明问题研究的学术总结

从中国知网检索可知，相较于文明研究，近代以降，

---

① 参见［美］路易斯·亨利·摩尔根：《古代社会》，杨东莼、马雍、马巨译，江苏教育出版社2005年版，第3页。
② 参见张志远：《丹尼列夫斯基与斯宾格勒的文明形态论之比较》，《湖州职业技术学院学报》2009年第2期。

**文化何以重要**
与大众谈新的文化生命体与中华民族现代文明

国内学者大多围绕文化展开研究，并在 1985 年前后进入文化研究的热潮。或者说，由于对"文化"和"文明"概念认知的阶段性差异，近代以来，中国学术界对文化和文明的研究始终缠绕在一起。因此，讨论文明避不开文化，讨论文化，也避不开文明。

## （一）文化

总体上，近代中国的文化研究体现为"中学为体，西学为用"的文化观、中西文化碰撞中的文化观、当代中国的文化研究三大类。

### 1. "中学为体，西学为用"的文化观

五四新文化运动之前，国内思想界对西方总体上处于学习、模仿阶段，所倡导的文化主要是 19 世纪维多利亚时代的资本主义文化。主要以魏源、李鸿章、林则徐等"中体西用"派为代表。虽然"中体西用"最后以失败告终，但是，在当时的环境下，主张引进、学习西方部分文化的主张，无疑具有一种历史性的进步意义。甲午战争失败后，以梁启超、康有为为代表的改良派登上历史舞台，"西用"的范围不断扩大，"中体"的范围逐渐缩小，"西学中源"说粉墨登场。在某种程度上，"中

学西源"说是"中体西用"的一种畸形发展。比如，梁启超在中西杂糅基础上提出了"三世"说，即"据乱世""升平世""太平世"。谭嗣同以仁学为基本范畴，将古今中外哲学进行了乱炖式的统一，结果只能是矛盾百出、杂乱无章。

**2. 中西文化碰撞中的文化观**

第一次世界大战爆发后，加之俄国十月革命的影响，国内思想界对西方文化的态度发生了较大转变。此时，国内对文化的讨论表现为东西文化的激烈碰撞。主要有三个派别：一是以辜鸿铭、杜亚泉等为先驱、以现代新儒学为中坚力量的传统文化保守派；二是坚持"全盘西化"的自由主义派；三是中国共产党早期代表人物。

传统文化保守派。包含先锋部队、现代新儒学和中国本位文化建设捍卫者三大类。辜鸿铭和杜亚泉分别是洋务运动的门徒和辛亥革命的代表人物，他们主张"向东走"。早在第一次世界大战爆发之前，辜鸿铭就提出运用中国传统儒学精神解决世界的、中国的问题，同托尔斯泰的"东方文化救世论"遥相呼应。第一次世界大战爆发后，辜鸿铭再次提出，要运用中国文化"拯救西洋文明的破产"。杜亚泉认为，东方文化是救世良方。对待

**文化何以重要**
与大众谈新的文化生命体与中华民族现代文明

中西文化的关系,杜亚泉持文化调和论,认为应该将中国生产之目的与西洋生产之工艺结合。

现代新儒学是五四新文化运动至新中国成立前夕形成并壮大起来的学派,旨在通过吸收、融合西方近代文化,发扬中华传统儒学道统文化,进而创造出一种中华新文化,它以梁漱溟、张君劢、冯友兰、钱穆等人为代表。现代新儒学的部分观点,诸如调整民族精神、民族文化心理结构以及实现传统文化现代化等,对于今天"两个结合"视域下增强文化自信、文化自觉,发展中华民族现代文明具有一定借鉴意义。梁漱溟的文化观主要见之于《东西文化及其哲学》。他认为,"文化是人类生活的样法",东方文化之长是精神文明,擅长解决人与人的关系问题;西方文化之长是物质文明,擅长解决人与自然的关系问题。他在开创东西文化比较研究哲学方法的基础上,以意欲为理论基点,提出了东西方文化发展的三种路向,并对世界文化的最终走向必将是中国文化的复兴作了深刻思考。[①] 冯友兰更重视文化比较的哲学与逻辑方法,提出了文化的"共相"与"殊相"相统一

---

① 参见《梁漱溟全集》第1卷,山东人民出版社1989年版,第372—381页。

的观点。中国当代文化学家张岱年对什么是文化作了系统回答。他从文化是一个不断创造的过程、文化是一个动态系统、文化发展具有客观自在的规律、文化具有民族性和时代性、文化研究所遵循的原则五个方面，回答了"我们的文化观"这一课题。

近代中国本位文化建设是不可忽视的一部分内容。1935年1月，由陈立夫牵线搭桥，陶希圣等10位教授联合撰写的《中国本位的文化建设宣言》强调，他们的"中国本位"不是一味地"尊孔复古"，也不是要彻底抛弃中国古代的制度思想，更反对"全盘西化"，而是要"把过去的一切，加以检讨，存其所当存，去其所当去"[①]。鉴于当时国民党的文化"围剿"，"中国本位"这一极具模糊性的提法在最抽象的意义上，受到了除以胡适为代表的"全盘西化"派之外的其他各派的高度认可。当然，如果忽略"中国本位文化建设"的政治倾向和调和折中主义实质，这一论战在纯粹学术意义上的合理性应予以肯定。此外，它在原则上亦反映了当时社会各界高涨的民族情绪。

---

① 孙成武：《中国共产党文化建设史论》，人民出版社2013年版，第39页。

# 文化何以重要
## 与大众谈新的文化生命体与中华民族现代文明

自由主义派。自由主义派当以陈序经、梁启超、胡适、陈独秀等人为代表。在胡适看来，文化不具备民族性特征，而只有时代性上的差异，他提出，"文化是民族生活的样法，而民族生活的样法是根本大同小异的"[1]。"全盘西化论"本质上是一种单线文化观。这种文化观将人类社会抽象化，过分强调了文化的时代性特征，忽视了人类历史上各民族文化的个性，即文化的民族性特征。文化的民族性是一个民族的文化得以存续的基本前提，文化一定程度上可以理解为时代性和民族性的统一体，忽视任何一个维度，都无法完整准确地理解和认识某一民族的文化。

论及中国共产党早期代表人物对文化的看法，瞿秋白等人是不得不提及的。瞿秋白的文化思想主要表现在两个方面：其一，他提出了文化研究的科学方法，即文化研究应该坚持历史唯物主义的基本立场观点方法。瞿秋白认为，文化是"人类之一切'所作'"，包括生产力、经济关系、社会政治组织、社会心理和各种思想体系四个方面，它们之间存在着逐层决定的"程序"，而

---

[1] 《胡适文存》第2集，黄山书社1996年版，第177页。

生产力是其他三个方面的最终决定性因素；文化研究也必须遵循这个程序。这里的"程序"，就是历史唯物主义的研究方法。其二，瞿秋白对未来文化提出了自己的看法。基于世界无产阶级共同胜利论，瞿秋白提出了"人类文明的再造"。他认为，资本主义文明虽然曾经在历史上发挥过革命性作用，但是无法解决人的苦难。只有"社会主义的文明，以扩充科学的范围为起点，而进于艺术的人生"。[1]1908年，作为中国新文化运动的重要参与者、中国现代文学的奠基人之一，鲁迅就表达了自己对于文化的认识。他认为，文化既体现了"文明的智力方面"，也是一种分析性范畴，意指一个民族的社会政治组织的形式和社会关系的类型等。[2]1934年，鲁迅在《拿来主义》中，进一步阐述了他对文化交流问题的看法。他认为，我们在吸收外来文化的过程中，要做文化的主人，要有所甄别地吸收，取其精华，去其糟粕，不能一揽子全收。

---

[1] 参见《瞿秋白文集：政治理论编》第2卷，人民出版社2013年版，第278页。
[2] 参见王士菁：《鲁迅早期五篇论文注译》，天津人民出版社1978年版，第96—138页。

### 3. 当代中国的文化研究

当代学者对"文化"概念的界定具有学科间的差异性。比如，王国炎和汤忠钢在哲学意义上对"文化"概念提出了自己的看法。他们认为，关于"文化"概念的界定，人之于文化的主体性、文化自身的社会性、历史性等都是不容忽视的基本特质。所谓文化，本质上就是社会历史中"人化"和化人交互作用的过程及其产物。张岱年、方克立也同他们持同一观点。他们认为，人类逐渐形成人道的过程，即文化创造的过程，文化的本质即"人化"。他们还提出，"文化是改造自然、改造社会的活动，它同时也改造'改造者'自身、即实践着的人。人创造了文化，同样文化也创造了人"[①]。

总体上看，无论梁漱溟的"文化是生活的样法"、冯友兰的"文化是包罗一切的总名"，还是当代学者的文化观等，国内学者基本认为，文化是"人化"的结果，是人类一切活动的创造物。但是，横向对比国内文化研究的几大流派可以发现，国内对文化与文明的关系、文化与西方文化的区别等问题的认识，尚不明晰。

---

[①] 教育部高教司组编，张岱年、方克立主编：《中国文化概论》（修订版），北京师范大学出版社2004年版，第3页。

## （二）文明

20世纪末21世纪初，国内对文明问题的关注，集中在精神文明、政治文明、生态文明等几个方面，也有部分学者在学理意义上对"文明"概念的流变进行了梳理。

关于精神文明建设。顾海良和沈壮海认为，培育和弘扬中华民族精神贯穿社会主义精神文明建设始终，是社会主义精神文明建设的重要内容。反过来，社会主义精神文明建设又为弘扬和培育中华民族精神创造了文化条件，整合了有效资源。[①]

关于政治文明。许耀桐认为，政治文明与一定的社会形态相联系，社会主义政治文明是人类政治文明发展的新阶段，是一个具有多层次结构的创新概念，它同社会主义物质文明和社会主义精神文明共同构成了一个完整理论体系，是社会主义文明的重要组成部分。[②]王惠岩认为，正确认识政治文明对社会主义民主政治发展具有重要意义，一般来说，政治文明是人们改造世界过程中形成的政治成果总和。具体而言，政治文明反映了一定

---

[①] 参见顾海良、沈壮海：《高度重视民族精神的弘扬和培育》，《思想理论教育导刊》2003年第4期。
[②] 参见许耀桐：《关于社会主义政治文明的若干思考》，《国家行政学院学报》2002年第5期。

社会形态的政治发展水平和程度。①

关于生态文明。据刘思华考证,生态学家叶谦吉最早提出"生态文明"概念。叶谦吉认为,生态文明是指人类与自然之间始终保持一种和谐统一的关系,人类既可以从自然中获利,同时又造福于自然。当代中国经济学家厉以宁在苏泽群所著《农村城市化的可持续发展》一书序言中,对什么是生态文明发表了自己的看法。他认为,生态文明是人类在开发利用自然的同时,积极保护自然环境,努力提高生态环境质量,确保经济发展是绿色发展。②刘思华提出,不同的社会制度和社会关系决定了不同的人与自然的关系,人与自然的关系愈发具有社会关系的意义,生态文明建设已经成为社会发展的中心议题。③

总之,自20世纪80年代以来,随着中国特色社会主义现代化建设事业的有序开展,国内对文明问题的关注愈发细致和深入,对文明的研究逐步转向了物质文明、

---

① 参见王惠岩:《建设社会主义政治文明》,《政治学研究》2002年第3期。
② 参见刘思华:《生态文明与可持续发展问题的再探讨》,《东南学术》2002年第6期。
③ 参见刘思华:《生态时代与社会主义现代化建设》,《理论月刊》1993年第6期。

精神文明、生态文明等更加具体的文明。文明研究角度的变化,从一个侧面反映了社会主义现代化建设事业纵深发展的基本事实。这表明社会主义现代化建设在物质文明建设的基础上,开始注重精神文明建设、生态文明建设等。

关于"文明"概念的流变。高力克、顾霞通过梳理基佐、福泽谕吉、斯宾格勒、弗洛伊德、汤因比等人的文明观提出,"文明"概念具有两百余年的流变历史,是现代化过程中人类对文明的思想探源过程。从单数文明到复数文明,这是文明之善对丛林法则的胜利。文明,归根到底是人性之善对人性之野蛮的胜利。所谓文明,其精华是人类超越生存需求的真善美的精神追求及其成果。① 这种看法颇为独到、富有启发性。梁治平在《"文明"面临考验——当代中国文明话语流变》中,区分了大写的文明和复数文明。他认为,大写的文明是进步主义的、"一元论"的,本质上是"西方中心论",是一种"普世"主义。复数文明是多元主义的,本质上是文明多元论,是一个中性概念。两种文明各有其功用,面对歧

---

① 参见高力克、顾霞:《"文明"概念的流变》,《浙江社会科学》2021年第4期。

**文化何以重要**
与大众谈新的文化生命体与中华民族现代文明

义选出的各种文明论说,要基于不同的场域和立场,实现二者之平衡,也要坚决反对文明观上的傲慢与偏见。[1]

还有不少学者从文明和文化的比较、某一具体的文明观、文明的本质等角度,阐述了他们对文明的看法。

关于文化和文明的比较研究。陈炎认为,文化和文明既相互联系又相互区别,"文明的内在价值通过文化的外在形式得以实现,文化的外在形式凭借文明的内在价值而有意义"[2]。

关于对具体的文明观的研究。戴圣鹏、李艳艳从理论基础、思想来源、内容结构、历史演进等角度,阐述了他们对马克思主义文明观的基本认识。石云霞从构建人类文明新形态、弘扬全人类共同价值、推动构建人类命运共同体、坚定文化自信推动人类文明创造性发展几个方面,阐述了对习近平新时代文明观的看法。[3]

关于文明的本质。林锋认为,文明本质与文明标志具有内在一致性,人们在具体设定文明标志时,要遵循

---

[1] 参见梁治平:《"文明"面临考验——当代中国文明话语流变》,《浙江社会科学》2020年第4期。
[2] 陈炎:《"文明"与"文化"》,《学术月刊》2002年第2期。
[3] 参见石云霞:《习近平新时代文明观论略》,《思想理论教育导刊》2022年第8期。

本质与标志一致的原则。文明本质是人们在对人类已经历的各具体历史时期进行经验观察和比较研究的基础上,通过哲学思考形成的思维产物。[①]乔清举认为,文明的本质是各种关系的和谐。他通过对文明本质的讨论,阐述了中国"和"文化启蒙的紧迫性。这一观点独到且富有启发性。

"人类文明新形态"提出之后,国内学术界再次掀起了文明研究的热潮。笔者从哲学维度提出了对文明的理解,认为文明可以从原体、关系、过程、结构和功能五个方面去认识。从原体维度理解文明,绕不开"人"这一基本坐标,人对真善美的追求是理解文明的原点和基础;从关系维度出发,"文明"和"文化"是一对纠缠不清的概念,二者在所指、所界、所用、所重、所在方式等方面存在差异性;从过程维度来看,文明的内涵随着历史、时代和实践的发展不断丰富;从结构维度来看,在人和外部世界的关系、人和人的关系、人和自身的关系、人和自然的关系、人和社会的关系以及人和国家的关系中,文明具有不同的样态;从功能维度来看,"文

---

[①] 参见林锋:《"文明本质"研究的三个问题》,《哲学动态》2009年第9期。

**文化何以重要**
与大众谈新的文化生命体与中华民族现代文明

明"是一种评价性概念,对国家、社会和人类都具有重要的引领意义。基于这样的逻辑,笔者认为,文明从"根"和"元"的意义上描述的是整个人类"化人为善"的利他性发展进步的客观事实。丰子义认为,社会的发展总是和特定的文明相缠绕。因此,理解"文明"概念脱离不了特定的社会。一方面,文明是特定社会发展的产物,表现为物质性、精神性以及其他各种社会形态的财富的创造。另一方面,文明内蕴于特定的社会,作为一种内在的、机理性的存在,表现为某种行为模式和标准准则影响社会的方方面面。①

总体来看,国内对文明问题的研究一直处于上升期,尤其是"人类文明新形态"重大命题正式提出以来,国内的文明研究进入新的高潮。关于什么是文明,国内学者有着不同的认识,但可以肯定的是,国内学者都承认人类文明具有多样性,认为文明是复数形式的文明,是人类追求发展进步的创造物。也有专家学者进一步提出,文明是化人为善的文明,是人类追求发展进步的过程及这一过程中创造的积极成果。

---

① 参见丰子义:《人类文明形态的变革与创新》,《国家现代化建设研究》2022年第2期。

## （三）人类文明新形态

总体而言，目前国内外学术界相对一致认为，斯宾格勒、汤因比开创了文明形态或者说文化形态学研究。

关于什么是文明形态。张广智认为，"文化形态史观又称历史形态学（Morphology of History）或文化形态学，它实际上是把文化（或文明）作为一种具有高度自律性的，同时具有生、长、盛、衰等发展阶段的有机体，并试图通过比较各个文化的兴衰过程，揭示其不同的特点，以分析、解释人类历史的发展进程"①。马军海、胡海波提出，文明形态的性质及状态根本上取决于人的存在方式，要在人及其活动的文明状态的变化中、人的文明的意境中把握文明形态的变革，进而得出文明形态的人类性和未来性的品格。②

关于人类文明新形态研究。根据中国知网检索结果，在习近平总书记在"七一"重要讲话中正式提出"人类文明新形态"之前，国内已经有部分专家学者对新文明诞生的可能性做了尝试性论述。早在2007年，余谋昌就

---

① 张广智：《西方文化形态史观的中国回应》，《复旦学报（社会科学版）》2004年第1期。
② 参见马军海、胡海波：《中国特色社会主义文明新形态的思想自觉》，《东北师大学报（哲学社会科学版）》2022年第4期。

以生态文明为研究视角,提出中华民族将为世界贡献一种新文明形态。① 之后,吴晓明、袁祖社、刘进田等专家学者均就新文明的诞生提出了预见性观点。

"人类文明新形态"这一重大命题正式提出后,国内学界掀起了广泛学习研究的热潮,一时间相关研究汗牛充栋。

### 1. 基于文献类别的视角

关于期刊论文。截至 2024 年 3 月 2 日,以"人类文明新形态"为主题的文献,在中国知网上可以检索出 1406 篇。其中,学术期刊 1341 篇,硕博论文 54 篇(博论 5 篇),报纸 51 篇,会议 9 篇。在万方数据库检索,2015 年至 2024 年,近 10 年间累计发表相关论文达 3923 篇。总体来看,自 2021 年以来,相关研究呈倍式增长,并在 2023 年迎来研究高潮,2024 年有回落之势,具体见图 1。

---

① 参见余谋昌:《生态文明:人类文明的新形态》,《长白学刊》2007 年第 2 期。

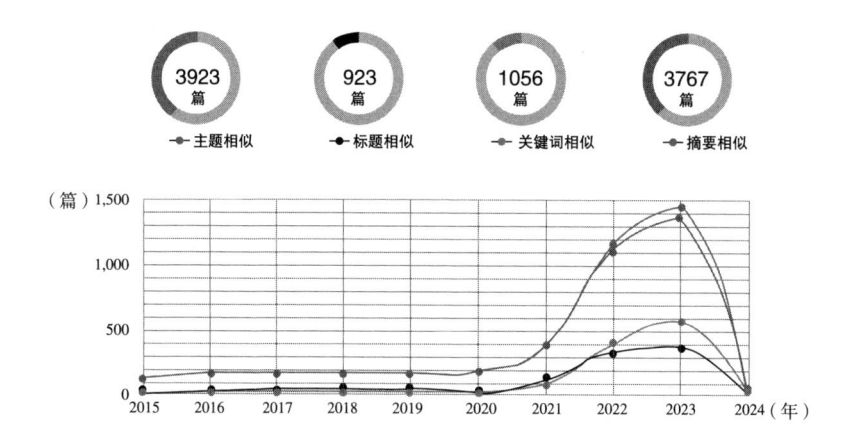

图1　2015—2024年关于"人类文明新形态"四篇文献的研究趋势图
（引自万方数据库）

关于出版的专著。目前与"人类文明新形态"主题直接相关的出版著作相对较少，主要有《中国式现代化开创人类文明新形态》、《走向人类文明新形态》[①]、《中国式现代化道路与人类文明新形态》[②]、《人类文明新形态研究丛书》（全七卷）[③]、《中国式现代化新道路与人类文明新形态》[④]、《开创人类文明新形态：人类文明新形态的理论

---

[①]　陈学明：《走向人类文明新形态》，天津人民出版社2022年版。
[②]　王立胜：《中国式现代化道路与人类文明新形态》，江西高校出版社2022年版。
[③]　颜晓峰、杨群主编：《人类文明新形态研究丛书》，社会科学文献出版社2022年版。
[④]　王东：《中国式现代化新道路与人类文明新形态》，吉林人民出版社2023年版。

与实践》①、《中国式现代化道路创造人类文明新形态》②等。

关于社科基金资助项目。主要有：(1)中国式现代化新道路与人类文明新形态研究；(2)人类文明新形态的哲学研究；(3)中国共产党创造人类文明新形态的历程和经验研究；(4)人类文明新形态研究；(5)世界文明演进视角下的人类文明新形态研究；(6)人类文明形态的理论建构与制度路径；(7)创建人类文明新形态视野下的国家战略性影像创作与传播研究等。

**2. 基于具体内容的视角**

目前，我国学术界关注人类文明新形态问题的专家学者较多，总体而言，国内相关研究集中在以下几个方面。

第一，围绕人类文明新形态的生成逻辑、科学内涵、基本特征及价值意义等问题展开研究。

人类文明新形态的生成逻辑。项久雨认为，人类文明形态的变革是世界格局变革动荡的结果。生产力维度的科技革命和产业革命是文明形态变革的底层逻辑；世

---

① 张占斌等：《开创人类文明新形态：人类文明新形态的理论与实践》，中共中央党校出版社2022年版。
② 杨英杰：《中国式现代化道路创造人类文明新形态》，人民日报出版社2023年版。

界政治格局的结构性变化推动了人类文明力量的历史性调整;"普世"文明式微引发世界各国人民重新思考文明的价值意义,进而塑造全新的文明形态;全球性的风险和挑战呼唤世界治理体系的变革,进而推动人类文明交往范式的深层次变革以适应新的治理体系治理格局。正是在上述世界背景之下,人类文明新形态在中国创生。①

人类文明新形态的科学内涵。田旭明认为,人类文明新形态是以人民为中心的、自主发展的、和谐共生的、胸怀天下的文明形态。②陶文昭则提出,人类文明新形态的科学内涵主要体现在,它是制度文明新形态、现代化新形态、世界文化新形态和国际关系新形态。③

人类文明新形态的基本特征。陈金龙从以人民为中心、协调发展、以和平方式发展、遵循人类文明发展规律等角度,阐述了人类文明新形态的基本特征。④

---

① 参见项久雨:《世界变局中的文明形态变革及其未来图景》,《中国社会科学》2023年第4期。
② 参见田旭明:《开创人类文明新形态的伟大意义》,《马克思主义研究》2022年第4期。
③ 参见陶文昭:《创造人类文明新形态》,《中国高校社会科学》2021年第6期。
④ 参见陈金龙:《人类文明新形态的基本特征》,《东南大学学报(哲学社会科学版)》2021年第5期。

张凯提出，人类文明新形态的基本特征表现在发展结构的均衡性、发展逻辑的先进性、发展目标的人民性。①

人类文明新形态的价值意义。王立胜认为，人类文明新形态的世界意义体现在三个方面：一是它丰富了世界现代化发展模式，二是它丰富了人类现代文明新形态，三是它为应对世界文明困境提供了中国智慧。②丰子义认为，人类文明新形态的世界意义集中体现在人类文明发展和中国现代化全面建设两个维度。③吴宏政认为，人类文明新形态丰富了马克思主义世界历史理论，有利于我们党掌握历史主动，进而构建人类命运共同体，推动21世纪科学社会主义新发展。④

第二，人类文明新形态同相关主题的关联性论述。如中国式现代化新道路、生态文明、中华传统文明、人类命运共同体、马克思主义文明观、中国特色社会主

---

① 参见张凯：《人类文明新形态的基本特征与时代意蕴》，《思想理论教育导刊》2022年第4期。
② 参见王立胜：《中国式现代化理论的世界性维度与人类文明意义》，《人民论坛》2023年第6期。
③ 参见丰子义：《人类文明形态的变革与创新》，《国家现代化建设研究》2022年第2期。
④ 参见吴宏政：《"人类文明新形态"的世界历史贡献》，《马克思主义研究》2022年第3期。

义等。

一是与中国式现代化道路、中国式现代化新道路的关联性论述。笔者认为，21世纪是迫切需要理论而且一定能够产生理论的世纪，创造人类文明新形态是历史、时代和实践发展的共同需要。中国式现代化创造的人类文明新形态，不仅具有区别于西方伪文明的化人为善的文明基因，还在哲学根基上以主主平等普惠的逻辑超越了西方文明主客对立的哲学逻辑。中国式现代化、人类文明新形态和人类命运共同体是步步递进的关系，对创新发展21世纪马克思主义具有重要意义。刘须宽从不同角度出发，得出了和笔者相类似的观点，认为中国式现代化是一种人类文明新形态。白刚认为，中国式现代化是占据真理、道义和文明制高点的文明形态，它借鉴吸收了包括资本主义文明在内的一切优秀文明成果，一方面，打破了"现代化＝西方化"的资本主义文明；另一方面，推动创造了更高级的文明形态，开创了人类文明新形态。[1]

二是与中华传统文化的关联性研究。洪向华和解超

---

[1] 参见白刚：《真理·道义·文明：中国式现代化的三大制高点》，《吉林大学社会科学学报》2022年第6期。

认为，植根中华传统文化的胸怀天下的国际担当，为人类文明新形态注入了不竭动力。① 王立胜和晏扩明在对西方"希腊传统—基督教"文明形态发展困境论证的基础上，阐明了"儒家传统—共产主义"文明新形态的比较优势。② 马军海和胡海波认为，人类文明新形态是对中华文明传统、现代化道路和社会主义文明的变革与创新。③ 刘晨光提出，人类文明新形态是中华文明和中国化马克思主义尤其是 21 世纪马克思主义融合发展的产物。④

三是与马克思主义文明观的关联性论述。唐爱军认为，理解人类文明新形态应置于马克思主义文明观视域下进行考察。他从文明演进、文明结构、文明主体等角度论证了马克思主义文明观视阈下的人类文明新形态，为我们准确理解人类文明新形态的深刻内涵提供了启示。⑤ 白刚认为，人类文明新形态的构建与马克思《资本

---

① 参见洪向华、解超：《坚持胸怀天下为人类文明新形态注入不竭的精神动力》，《当代中国与世界》2021 年第 4 期。
② 参见王立胜、晏扩明：《"儒家传统—共产主义"文明新形态——中国道路对人类文明新形态的现代探索》，《文化纵横》2022 年第 3 期。
③ 参见马军海、胡海波：《中国特色社会主义文明新形态的思想自觉》，《东北师大学报（哲学社会科学版）》2022 年第 4 期。
④ 参见刘晨光：《人类文明新形态的创造——论中华文明与现代社会主义的交融》，《中共中央党校（国家行政学院）学报》2022 年第 1 期。
⑤ 参见唐爱军：《马克思主义文明观视域中的人类文明新形态》，《马克思主义与现实》2023 年第 2 期。

论》中共产主义取代资本主义的文明逻辑相一致。①

四是与人类命运共同体的关联性论述。苗翠翠认为，人类文明新形态内含对人类命运整体性关切的哲学意蕴、以人民为中心的生活逻辑、关照世界人民美好生活的全人类共同价值。②侯冬梅提出，人类命运共同体是展现人类文明新形态的全新理论和思维方式。③顾海良认为，人类文明新形态和人类命运共同体具有共同的价值观基础，后者是前者在世界范围内的拓展。④

五是与中国特色社会主义的关联性研究。吴晓明认为，马克思主义中国化是中国式现代化建设实践和马克思主义本质关联的理论成果。中国特色社会主义是马克思主义中国化的最新形式，其历史意义在于构建中国式现代化强国的同时开启一种新文明形态。⑤高正礼从马克思主义社会形态理论、人类追求现代化的视野、社会主

---

① 参见白刚：《〈资本论〉与人类文明新形态》，《四川大学学报（哲学社会科学版）》2017年第5期。
② 参见苗翠翠：《人类命运共同体：中国方案引领人类文明新形态》，《重庆社会科学》2019年第4期。
③ 参见侯冬梅：《哲学思维方式变革下的人类文明新形态——从"西方中心论"到人类命运共同体》，《河南师范大学学报（哲学社会科学版）》2022年第2期。
④ 参见顾海良：《"人类文明新形态"的理论意蕴和思想智慧》，《理论与现代化》2021年第6期。
⑤ 参见吴晓明：《马克思主义中国化与新文明类型的可能性》，《哲学研究》2019年第7期。

义的内涵、大历史观等几个维度，讨论了中国特色社会主义创造的人类文明新形态的理论内涵及其意义。① 王伟光认为，人类文明新形态的诞生过程符合马克思主义唯物史观的基本逻辑，人类文明新形态是社会主义的文明形态，是共产主义文明形态的准备阶段和前提条件。②

第三，从方法论的角度出发阐述人类文明新形态。

侯惠勤认为，研究人类文明新形态必须贯彻历史唯物主义的方法论原则。要在两极对立的视野中把握人类文明新形态；要坚持必然性和偶然性相统一的历史辩证法；要坚持传统文化与文明形态有机统一的基本原则。社会形态以人类历史为研究对象，而民族国家是以现实的道路为理论阐发，它们不是互相孤立的存在，而是有机统一的整体。③

---

① 参见高正礼：《中国特色社会主义创造了人类文明新形态》，《人民论坛·学术前沿》2021年第13期。
② 参见王伟光：《中国特色社会主义创造"人类文明新形态"和"中国式现代化道路"》，《哲学研究》2022年第9期。
③ 参见侯惠勤：《论人类文明新形态》，《陕西师范大学学报（哲学社会科学版）》2022年第2期。

## 三、国内外文化和文明问题研究的学术评析

### （一）关于国外文化、文明问题研究

#### 1. 国外文化问题研究

一直以来，欧美学术界未曾停止对文化问题的研究，而且在不断深化。比如，文化与管理学的结合，为企业管理和政府组织提供了很大帮助；文化研究与国际政治和国际冲突研究的结合，为解决国际争端、实现人类共同价值诉求提供了助益等。

然而，细究20世纪下半叶以来国外的文化问题研究就会发现，后来的学者大多是在前人文化解说的基础上，基于某一具体学科或多个交叉学科而对"文化"概念作出具体的、派生的界定。总体来看，他们并未跳出前人提出的"文化"概念，基本仍然在克拉克洪和克鲁伯所列的五大文化类型中打转，结果导致各种"文化"概念纠缠不清、纷繁复杂，为文化研究带来困扰。

总体而言，20世纪50年代至今，国际社会对文化的研究从未停止。在克拉克洪和克鲁伯之后，文化研究呈现蓬勃发展之势，从1952年到1965年，仅仅7年时间，国外学界对"文化"概念的界定就从164种增长到250

多种。21世纪初,据我国学者季羡林考证,世界"文化"概念已经多达500多种。胡潇则认为,"文化"定义已经超过了1000种。①总之,学术界关于"文化"概念的研究呈泛滥之势,文化到底是什么、众多"文化"概念之间是否存在统一性、如何实现多元"文化"概念之间的协调发展等,仍然是文化学界的难题。

**2. 国外文明问题研究**

国外文明问题研究具有如下特点。

一是蕴含着"西方中心论"的基因。从对"文明"概念界定过程中的诸多二元对立(如文明与野蛮、开化和未开化的对立),到西方文明观的"一元论"哲学基础等,我们可以看出,西方文明在最初就具有浓厚的"西方中心论""自我中心主义"色彩。此外,国外学者在文明研究过程中表露出来的文明观上的"单线进化论"进一步佐证了这一结论。譬如,基佐在《欧洲文明史》的开头就提出:"世上是否存在一个普遍的人类文明、人类命运?"他的答案是"是"。②福泽谕吉认为,文明、半

---

① 参见吴桂韩:《文化及其相关概念阐释与辨析》,《江苏省社会主义学院学报》2013年第3期。
② 参见[法]弗朗索瓦·皮埃尔·吉尧姆·基佐:《欧洲文明史》,钱磊译,台海出版社2016年版,第6页。

开化、野蛮的文明等级已经为各国所公认，主张要以欧洲文明为目标。①赫伯特·斯宾塞（Herbert Spencer）认为，文明人对不文明人的征服行为是符合自然规律的明智之举。②西方国家现代化的先发优势，进一步固化了"西方中心论"。因此，20世纪，欧洲的文明研究热主要围绕"西方中心论"展开，在研究者看来，现代文明的诸多要素均发源于西方，历史也必将按照西方文明预设的方向发展。弗朗西斯·福山（Francis Fukuyama）的"历史终结论"，就是这一观点的典型代表。

二是西方文明的"文明开化使命"越发地明目张胆。如果说工业革命之前的文明研究只是若隐若现地透露着一种文明的自我优越感，那么，随着西方国家现代化先发优势的凸显，其文明中的帝国主义、殖民主义倾向现在已暴露无遗。布雷特·鲍登认为，在19世纪末，欧洲文明国家作为世居部落监护者的神圣使命就已经在《万国法》中确立。③同时，斯诺也谈道，通过所谓的"文

---

① 参见［日］福泽谕吉：《文明论概略》，北京编译社译，商务印书馆1959年版，第11页。
② ［澳］布雷特·鲍登：《文明的帝国：帝国观念的演化》，杜富祥、季澄、王程译，社会科学文献出版社2020年版，第72页。
③ 参见［澳］布雷特·鲍登：《文明的帝国：帝国观念的演化》，杜富祥、季澄、王程译，社会科学文献出版社2020年版。

明开化"将非民主共和国家转化为民主共和国家,已经成为美国的一项基本政策。安德斯·史蒂芬森(Anders Stephanson)[①]、托马斯·伍德罗·威尔逊(Thomas Woodrow Wilson)等人均持有类似的观点。约翰·A.霍布森(John A.Hobson)则更加直白地表达了美国这种殖民属性,他提出,"作为为帝国主义服务的力量,冒险精神和美国的'文明开化使命'显然是受经济因素推动的"[②],即资本的逐利性。

三是惯用比较研究法。如菲利普·巴格比(Philip Bagby)在《文化与历史:文明比较研究导论》中,对多达九种的古老文明及现代文明进行了比较研究,并发表了自己对于西方文明的看法。汤因比亦通过文明比较研究讨论了现有文明的起源、灭绝文明和古希腊文明的关系等,最后划分了21种文明。亨廷顿通过对18世纪以来的"文明"概念的梳理,将世界主要文明划分为八大文明。文化人类学学科,就是在欧洲文明同其他非欧洲

---

[①] 安德斯·史蒂芬森认为,在乔治·华盛顿首次就职演说中,美国的这种野心已经显露。参见 Anders Stephanson, *Manifest Destiny: American Expansion and the Empire of Right*[M]. New York:Hill & Wang, 1995, p. 19.
[②] John A. Hobson, *Imperialism: A Study*[M]. London : Allen & Unwin, 1948, p. 73-74.

文明碰撞中诞生的，是专门从事文明比较研究的学科。

四是把文化等于文明。虽然文化和文明自诞生以来便一直纠缠不清，但是，文化并不等于文明。文化和文明关系复杂，二者既有联系也有区别。然而，西方国家很多专家学者经常混淆，甚至随意替换这对概念。例如，黑格尔经常将文化和文明交换使用。汤因比在《历史研究》中以"文明"概念代替了斯宾格勒在《西方的没落》中反复使用的"文化"概念。当然，西方学界也有部分学者要求区分文化与文明。例如，托马斯·曼认为，文化是真正的灵性，文明则与机械化相关联。诺贝特·埃利亚斯也提出，对文化的界定侧重于民族差异及其特有的群体认同，而对"文明"的界定则不同程度地忽略了这些差异。但总体而言，在西方国家，文化和文明的关系尚不明确，二者滥用现象较为严重，大多数人仍然在同一意义上使用文化和文明。因此，区分文化和文明，厘清二者之间的联系和区别，是研究文明、人类文明新形态的一个基本前提。

## （二）关于国内文化、文明问题研究

### 1. 近代中国的文化研究

近代中国的文化研究虽然在文化走向上与西方存在区别，但仍然具有一定的共性。比如，人们都认为东西文化之间存在差异性，承认东方文化在一定程度上落后于西方文化；都肯定西方文化存在物质成就、自然科学等方面的优势，主张向西方学习；都致力于为东方文化寻找一条新的文化路向等。其中，中国共产党人的文化观值得关注，中国共产党早期代表人物的文化观超越其他文化观的地方主要在于以下两个方面。

（1）文化研究方法的科学性。不同于其他学派形而上学的研究方法和基本立场，中国共产党早期代表人物遵循辩证综合的、历史唯物主义的文化研究方法，他们既没有彻底否定、抛弃中华传统文化，又没有过分激进地走向"西方中心论"，更没有沦为文化调和论者。中国共产党早期代表人物在发扬民族主体精神的基础上，大都主张立足中华优秀传统文化，汲取西方文明的精华，进而创造一种中华新文化。

（2）文化研究的人民性。一方面，传统文化保守主义者虽然高扬民族主义的大旗，但是他们本质上是开历史倒车的。全面的"尊孔复古"显然与当时社会主流不符。另一方面,"全盘西化论"者全然不顾中国社会的实际情况,一味强调文化的时代性特征,意图能在中国的土壤中培育出西式的政治体制、自由民主等。毫无疑问,这只能是一种无效的"嫁接"和乌托邦式的幻想,是历史虚无主义的表现。中国共产党早期代表人物将文化的时代重建同民众的思想启蒙、国家的复兴使命紧密结合起来,使民众在接受马克思列宁主义熏陶的同时,自觉投入实现中华民族伟大复兴的使命践履。但同时,早期中国共产党的文化观仍然具有进一步发展的空间。比如,若这里的文化是狭义的文化,那么政治文化、制度文化等是否也具有民族性特征尚待思考;新民主主义革命时期的文化论证具有明显的政治倾向性和阶级属性,在这个意义上看,在文化分析中坚持阶级分析方法非常重要。总之,新民主主义文化观尚不是一种对以往文化争论与学术问题科学且完全的清算。发展社会主义文化,创造中国式现代化的文化形态,需要坚持发展的眼光和与时俱进的方法论原则。

**2. 当代中国文化、文明研究评析**

总体而言,当代中国文化、文明研究具有以下特点。

**文化何以重要**
与大众谈新的文化生命体与中华民族现代文明

（1）文明和文化仍然纠缠不清。有的学者认为，"文化"和"文明"是同义词。金东珠认为，广义的文化，包括物质文明、精神文明和制度文明三个维度，即等于文明。而狭义的文化是指精神文明。[①] 也有学者认为，"文明"概念要比"文化"更大。钱学森就曾提出，文明包括文化但文化不等于文明的观点。[②] 还有学者认为，文化大于文明。比如，汪澍白通过对"文明"和"文化"概念的梳理得出文化先于文明的结论。丰子义认为，文化是文明的基础，文明是文化的高级形态。杨生平提出，"文明是从文化演进而来，文明是一种文化或一种文化的一部分；区别在于文明有先进与落后之分，而文化却没有绝对的优劣"[③]。然而，关于文化和文明的关系，习近平总书记提出："中华民族具有百万年的人类史、一万年的文化史、五千多年的文明史。"[④] 这为我们理解文化和文明的关系提供了思想指导。另外，

---

① 参见金东珠：《对文明、文化、政治文化概念的探讨》，《理论探讨》1989年第6期。
② 参见钱学森、刘佑成、黄克剑：《关于〈实践与文化——"哲学与文化"研究提纲〉的通信（三则）》，《哲学研究》1989年第4期。
③ 杨生平：《文化中的哲学与哲学中的文化：杨生平学术论文集》，人民出版社2020年版，第7页。
④ 习近平：《在文化传承发展座谈会上的讲话》，《求是》2023年第17期。

习近平总书记亦多次强调,"不同民族、不同文明多姿多彩、各有千秋,没有优劣之分,只有特色之别"[1]。

(2)"文明"概念尚未形成较为统一的界定和认识标准,一定程度上存在用法上混乱的现象。当前国内学者大多是从不同学科领域出发探讨"文明"概念,如马克思主义文明观意义上的文明、哲学意义上的文明、法学意义上的文明、心理学意义上的文明、意识形态意义上的文明等,文明仿佛是一个无所不包的范畴。这就给文明史研究带来了极大负担,致使文明史同文化史、哲学史、社会史、经济史、国别史等难舍难分。马克垚认为,这样的文明史与历史并无二异,谈不上是一个专门的研究领域。[2] 此外,如果将文明单纯理解为一种成就的总和或者进步发展的结果,那相应的文明所承载的苦难如何理解?相应文明内部的这种悖论与张力如何认识?"文明"是否可以看作一个中性概念?总而言之,"文明"概念的边界在哪里,仍然是一个未解之谜。

---

[1] 《习近平外交演讲集》第1卷,中央文献出版社2022年版,第155页。
[2] 参见马克垚:《世界文明史导言》,《北京大学学报(哲学社会科学版)》2003年第5期。

## （三）关于人类文明新形态研究

目前已有不少学者，如丰子义、吴忠民、吴宏政、陈金龙、刘须宽等教授，提出并形成了一系列极具系统性、前瞻性的观点和看法，产生了诸多学术成果，对人类文明新形态研究具有很强的理论指导意义和很高的价值。唐爱军、李双套、吴美川等青年学者也提出了不少极具建设性的观点。但是，总体而言，作为一个尚处于新生阶段的学术范式，关于人类文明新形态研究在如下几个方面仍然有进一步发展的空间。

### 1. 部分研究倾向于政策性解读

目前，国内关于人类文明新形态研究呈井喷式发展，从不同角度出发对人类文明新形态展开的研究源源不断。讲好中国故事，传播中国声音，确实需要必要的政策性解读。但是，构建中国式现代化理论体系、话语体系绝不能仅仅停留在政策性解读上。把中国经验上升为中国理论之后，必须回到实践进而指导实践。提出"人类文明新形态"的初衷，绝不仅仅是为了达到理论层面的某种解读。从时代维度看，中国式现代化创造的人类文明新形态产生于中国，但它同样具有重要的世界意义，对人类文明发展产生了深刻的、极具变革性的影响。从历史维度看，人类文明新形态是 21 世纪中国推进并拓展的文明形态，对接的是中国特色社会主义新时代。但是，理解人类文明新形态，绝不能脱离党的百年奋斗史的大背景，离开了百年党史，人类文明新形态就是纯粹的空中楼阁。从实践维度看，人类文明新形态具有鲜明的价值指向，它是以全人类的解放为价值旨归的文明形态，底层逻辑是主主平等普惠，实践方案是构建人类命运共同体。总之，人类文明新形态具有重要的中国意义和世界意义，不能仅仅局限于、满足于政策解读。

# 目 录

**第一章**
**全面深入理解"两个结合"的基本问题与核心要义**

一、为什么必须坚持"两个结合" / 003

二、怎样理解"两个结合"的内涵及其实质 / 014

三、如何推进"两个结合" / 028

**第二章**
**"第二个结合"是又一次的思想解放**

一、对中国具体实际与中华优秀传统文化关系认识的思想解放 / 046

二、对马克思主义基本原理与中华优秀传统文化关系认识的思想解放 / 050

三、对中华优秀传统文化与中国道路、中国理论、中国制度关系认识的思想解放 / 055

四、对中华优秀传统文化与中国式现代化关系认识的思想解放 / 058

五、对中华优秀传统文化与中华民族现代文明关系认识的思想解放 / 062

六、对中国式现代化与西方现代化关系认识的思想解放 / 064

七、对中华民族现代文明与人类文明新形态关系认识的思想解放 / 067

# 第三章
## 正确认识中华文明的突出特性

一、中华文明具有突出的连续性 / 076

二、中华文明具有突出的创新性 / 079

三、中华文明具有突出的统一性 / 080

四、中华文明具有突出的包容性 / 082

五、中华文明具有突出的和平性 / 083

# 第四章
## 全面深入理解新的文化生命体及其重大意义

一、逻辑起点：新时代的中国具体实际把中华优秀传统

文化的时代价值彰显出来 /088

二、内在逻辑：新的文化生命体标识性概念出场的时代逻辑 /091

三、核心要素：新的文化生命体的丰富内涵 /098

四、明体达用：新的文化生命体的实践之用和理论之用 /106

五、新的文化使命：建设中华民族现代文明 /115

## 第五章
## 从建设中华民族现代文明到构建人类命运共同体

一、西方文明难以破解当今世界的困局 /120

二、中国向世界提出构建人类命运共同体理念 /123

三、中华民族现代文明助推构建人类命运共同体 /127

## 第六章
## 作为新的文化使命的中华民族现代文明

一、在"第二个结合"的逻辑中理解建设中华民族现代文明 /133

二、在中国式现代化理论体系的逻辑中理解中华民族现代文明 /136

三、在人类文明新形态的逻辑中理解中华民族现代文明 /139

## 第七章
## 从五个维度理解人类文明新形态

一、哲学维度：主主平等的人类文明新形态 /147

二、历史时间维度：生态文明的人类文明新形态 /152

三、历史空间维度：和合普惠文明的人类文明新形态 /157

四、经济社会发展维度：全要素文明的人类文明新形态 /160

五、根本制度维度：作为人本文明、民本文明的人类文明新形态 /165

## 第八章
## 中国自主知识体系的西方逻辑与中国建构

一、道路多样：中国式现代化内蕴发展道路的多样性 /175

二、文明互鉴：中国式现代化创造中华民族现代文明、人类文明新形态 /181

三、民族特质：中国式现代化彰显中华民族的鲜明特质 /189

四、为他人性：中国式现代化在社会性的群己关系中注重他者 /196

五、国家治理：中国式现代化坚持动力、平衡和治理相统一 /199

六、人民至上：中国式现代化坚持以人民为中心的发展思想 /203

七、共同价值：中国式现代化倡导弘扬全人类共同价值 /205

八、人类命运：中国式现代化致力于构建人类命运共同体 /211

九、世界贡献：中国式现代化为人类实现现代化提供新的选择 /214

十、普惠哲学：中国式现代化倡导主主平等普惠的哲学 /218

## 第九章
## 走出"东方从属于西方"的框架

一、"两个结合"有其内在逻辑 /227

二、"两个结合"力在走出"东方从属于西方"的框架 /231

三、"第二个结合"致力于确立中华民族文化主体性和党的文化领导权 /241

## 第十章
## 文化的力量

一、文化表征人的存在方式 / 253

二、文化是社会存续和发展的基础 / 256

三、文化是民族的精神命脉 / 260

四、文化是国家的灵魂 / 263

五、文化是政党的精神旗帜 / 266

六、文化影响文明的命运 / 269

# 第一章

# 全面深入理解『两个结合』的基本问题与核心要义

"两个结合"是中国共产党人从理论和实践上破解文化"古今中西之争"的具有总体性、全局性、长远性、根本性、战略性的首要根本问题,是把"躺着的"变成"立着的"的根本路径和方式,是造就新的文化生命体的根本路径和方式,是破解"东方从属于西方"的密码,是中国共产党百年奋斗历程中坚持和推进马克思主义中国化时代化必须着力解决的根本问题,是中国共产党理论创新和实践创新的必由之路。马克思主义行、中国化时代化的马克思主义行,其底层逻辑是"两个结合"行。

习近平总书记在庆祝中国共产党成立100周年大会上的讲话(以下简称"七一"重要讲话)中鞭辟入里地指出,必须继续推进马克思主义中国化,"坚持把马克思主义基本原理同中国具体实际相结合、同中华优秀传统文化相结合"[①](简称"两个结合")。这一重要论断,深

---

① 习近平:《在庆祝中国共产党成立100周年大会上的讲话》,人民出版社2021年版,第13页。

化了对马克思主义中国化时代化的科学认识，体现了对"两个结合"及二者关系的深刻认知，表达了对中国具体实际和中华优秀传统文化及二者关系的深入理解。

# 一、为什么必须坚持"两个结合"

我国理论界曾对"两个结合"进行了较为深入的研究。一种观点认为，把马克思主义同中华优秀传统文化相结合是可能的，原因在于二者在实践理性、价值取向、社会理想等方面具有一致性。但也有学者对"一致说"提出不同看法，认为正是这种被诠释出来的所谓"一致性"，影响了人们对马克思主义进行全面正确的理解。马克思主义同中华优秀传统文化相结合，主要是指汲取中华优秀传统文化的精粹，而中国化的马克思主义如毛泽东思想、邓小平理论等，事实上都汲取了中华优秀传统文化的积极内容。在学术研究中，学术界提出了关于马克思主义中国化的必然性问题。有学者一针见血地指出，马克思主义中国化之所以具有必然性，是因为它既是近代中国社会和中国革命发展的必然结果，也是马思主义的内在要求,还是中国具体实际的客观需要。

为什么必须坚持"两个结合"？汲取理论界已有研究成果,笔者以为至少需要从三个方面进行深入分析。

## (一)马克思主义经典作家多次强调要注重结合

马克思主义本质上是一种源于实践又回到实践以指导实践的理论,是注重事物自身的内在联系、矛盾运动、发展过程且从中生长出的理论,注重结合,因而本质上它是发展着的马克思主义;它摒弃把马克思主义理论作为一种公式、标签、套语来剪裁任何事物的教条主义。这种教条主义,实质上属于外在反思型思维。

第一,马克思、恩格斯实现的哲学变革,实质上就是摒弃用头脑臆想的人为联系代替事物自身的客观联系,创立唯物主义辩证法。马克思、恩格斯以前的旧哲学如形而上学、思辨哲学,往往用头脑臆想的人为联系代替事物自身的客观联系。马克思、恩格斯在理论上毕生秉持的本心,就是要把唯心主义从历史领域赶出去。于是,他们秉本执要,首要关切的是确立唯物主义在历史领域的权威。在这个意义上,他们对费尔巴哈的唯物主义"不满意抽象的思维"给予评价,认为这种唯物主义

第一章　全面深入理解"两个结合"的基本问题与核心要义

能使人们看到历史领域的客观性,能透过被纷繁复杂的意识形态所掩盖的种种假象,看到历史领域中事物自身的现实联系。马克思、恩格斯确立的唯物主义辩证法,本质上就是摆脱主观臆想进而通达事物自身,力求呈现、确证事物自身存在之内在的普遍联系、矛盾运动和发展过程。现代唯物主义世界观,就是运用唯物主义辩证法揭示、解释人的感性生活世界而生成的范畴,因为它超越了主观人为的臆想联系,揭示了人的感性生活世界本身的普遍联系。它表明,认识世界和分析事物,首要应立足于现实生活世界,从客观实际出发,而不是从原则出发。

第二,《共产党宣言》(以下简称《宣言》)的基本原理的实际运用要随时随地以当时的历史条件为转移。马克思、恩格斯合写的《宣言》问世,是马克思主义诞生的标志。在《宣言》1872年德文版序言中,马克思、恩格斯指出:"这些原理的实际运用,正如《宣言》中所说的,随时随地都要以当时的历史条件为转移,所以第二章末尾提出的那些革命措施根本没有特别的意义。"[1]《宣

---

[1] 《马克思恩格斯选集》第1卷,人民出版社2012年版,第376页。

言》一般原理的实际运用因历史条件的不同而不同，这是《宣言》反复强调的。列宁也郑重其事地指出："这些原理的应用具体地说，在英国不同于法国，在法国不同于德国，在德国又不同于俄国。"[①]同理，这些原理的应用在中国既不同于西欧，也不同于俄国，因为中国国情具有鲜明的特殊性，所以毛泽东强调，马克思主义必须中国化。这表达了马克思主义经典作家对《宣言》的基本原理的运用所坚持的态度和方法。比如，我们应深刻认识到，《宣言》中的一个基本思想就是消灭资本主义私有制，对此任何时候都不能怀疑和动摇。离开了这一条，就从根本上背离了《宣言》，离开了马克思主义。因此，我们对《宣言》中的有关论述，必须结合实际，不应当作教条主义理解。显然，《宣言》强调马克思主义是最注重结合的。

第三，不能把马克思关于西欧资本主义起源的历史概述变成一般发展道路的历史哲学理论。当时，德国、法国、俄国的许多青年学者常对马克思的理论产生误读和误解。俄国的米海洛夫斯基等人就把马克思关于西欧

---

① 《列宁选集》第1卷，人民出版社2012年版，第274—275页。

资本主义起源的历史概述彻底变成一般发展道路的历史哲学理论，认为一切民族，不管他们所处的历史环境如何，都注定要走这条路。对此，马克思理直气壮地声明："但是我要请他原谅。（他这样做，会给我过多的荣誉，同时也会给我过多的侮辱。）"[1]德国还有一些人打着马克思主义旗号宣扬非马克思主义，以至于马克思怫然不悦地说："我播下的是龙种，而收获的却是跳蚤。"[2]针对德国一些青年学者把马克思的理论当作现成的公式、套语、标签贴到各种事物上去而不再对其作进一步研究的倾向，马克思声明，如果这样做，并把这样做当作马克思主义，那么，"我只知道我自己不是马克思主义者"[3]。这表明，真理是有条件的，具有相对性，马克思坚决反对把现成的公式套到一切事物上去并剪裁各种事实的倾向，强调要从具体实际条件出发分析问题。

第四，不要把他们的世界观当作教义而应当作方法。恩格斯一再强调要正确对待马克思和他所创立的理论。恩格斯晚年在关于历史唯物主义的书信中指出，马克思

---

[1] 《马克思恩格斯全集》第25卷，人民出版社2001年版，第145页。
[2] 《马克思恩格斯文集》第10卷，人民出版社2009年版，第590页。
[3] 《马克思恩格斯文集》第10卷，人民出版社2009年版，第590页。

的整个世界观不是教义,而是方法。它提供的不是现成的教条,而是进一步研究的出发点和供这种研究使用的方法。①他又指出,"原则不是研究的出发点,而是它的最终结果"②。这些重要论述旗帜鲜明地表达了这样一种态度:坚决反对把他们的理论教条化,反对把理论当作现成的公式来剪裁各种历史事实,而认为每个国家运用马克思主义,都必须穿起本民族的服装。

第五,世界各个国家和民族走向社会主义有不同"走法"。列宁是坚持和发展马克思主义的典范,这体现在他注重把马克思主义基本原理同俄国具体实际相结合。在谈到落后国家如何走向社会主义时,列宁强调:"一切民族都将走向社会主义,这是不可避免的,但是一切民族的走法却不会完全一样,在民主的这种或那种形式上,在无产阶级专政的这种或那种形态上,在社会生活各方面的社会主义改造的速度上,每个民族都会有自己的特点。"③这表明,不同时代和实践的发展、各国生产力发展状况和社会发展阶段,是社会主义建设道路多样化的现

---

① 《马克思恩格斯选集》第4卷,人民出版社2012年版,第664页。
② 《马克思恩格斯选集》第3卷,人民出版社2012年版,第410页。
③ 《列宁选集》第2卷,人民出版社2012年版,第777页。

实原因，历史、文化、传统的异质性，是不同国家社会主义建设道路多样性的深层根源。

## （二）中国革命、建设、改革实践的经验教训启迪我们必须注重结合

如果说马克思主义经典作家强调把他们提出的基本原理同具体历史条件、各国实践相结合，那么，中国共产党人则在实践上更加自觉地强调马克思主义基本原理必须同中国具体实际相结合，认为只有这种结合才能既克服教条主义、避免狭隘经验主义，又解决中国问题。

第一，新民主主义革命时期，我们党反对把马克思主义教条化，强调马克思主义必须同中国革命具体实际相结合。新民主主义革命时期，我们党遇到的首要问题，是如何选择中国革命的道路，这是中国革命"向何处去"的问题。当时党内存在着教条主义倾向，以王明为主要代表的一些人热衷于从书本中找答案，认为中国革命必须走城市武装暴动的道路，结果导致革命屡屡受挫。以毛泽东同志为主要代表的中国共产党人坚持把马克思主义基本原理同中国革命具体实际相结合，根据当时中国的具体实际，强调中国革命要走"农村包围城市、

武装夺取政权"的道路，结果使中国革命转危为安。针对在中国革命问题上的教条主义，毛泽东发表了《实践论》《矛盾论》，强调理论与实践相结合、普遍与特殊相结合，着重阐述了理论和实践（知和行）、普遍和特殊（共性和个性）的辩证关系，指出"这一共性个性、绝对相对的道理，是关于事物矛盾的问题的精髓，不懂得它，就等于抛弃了辩证法"[①]。这两部著作为马克思主义基本原理同中国具体实际相结合奠定了坚实的哲学基础。

第二，社会主义革命和建设时期，我们党强调走自己的路。1956年，我国确立了社会主义基本制度，开始探索社会主义建设道路。如何建设社会主义，建设社会主义应走什么样的道路？一开始既没有现成的经验可以借鉴，也没有既成的模式可以遵循。当时，苏联在社会主义建设方面是我们的"老大哥"，于是我们就注重"向苏联学习"，学习苏联式的社会主义。经过一段时期的实践，我们党发现这种模式不完全适合中国国情，导致我国社会主义建设出现一些曲折。中国共产党人经过认真反思和总结，深刻认识到中国社会主义建设必须走

---

① 《毛泽东选集》第1卷，人民出版社1991年版，第320页。

自己的路。于是，毛泽东根据当时中国具体实际发表了《论十大关系》，确定了中国建设社会主义必须处理好的十大关系。《论十大关系》是确定我国社会主义建设"走自己的路"的理论基础和基本内容。

第三，改革开放和社会主义现代化建设新时期，我们党强调解放思想、实事求是。1978年，我国开启改革开放和社会主义现代化建设新时期。当初我国改革开放面临的最大阻力，是"左"的思潮和倾向。其本质特征，就是从本本找答案，从语录找结论，从权威找出路。这种从本本出发的教条主义影响我国改革开放和社会主义现代化建设。不冲破这重阻力，就迈不开改革开放和社会主义现代化建设新步伐。针对这种倾向，邓小平发表了《解放思想，实事求是，团结一致向前看》。其实质，就是力求打破本本主义、教条主义束缚，确立解放思想、实事求是的党的思想路线，注重从中国具体实际出发认识中国国情。要而言之，就是要把马克思主义基本原理同中国具体实际相结合。

## （三）唯物辩证法的精髓是注重结合的哲学基础

马克思、恩格斯把黑格尔的辩证法与费尔巴哈的唯物主义有机结合起来，确立了唯物辩证法。唯物辩证法具有现实特质，本质上是注重事物自身的辩证法，其任务就是揭示事物内部的普遍联系、矛盾运动和发展过程。

列宁的《哲学笔记》是唯物辩证法的代表作。列宁指出，辩证法的第一要素，就是首先要关注"自在之物本身"，即事物自身（存在）的客观性，还要关注事物自身的运动、发展，即事物发展的辩证法。在《谈谈辩证法问题》中，列宁以马克思的《资本论》为例，着重谈论一般和个别的关系，强调"一般只能在个别中存在，只能通过个别而存在"[1]，任何个别都是一般，同时"任何一般都是个别的（一部分，或一方面，或本质）"[2]。就是说，普遍性离不开特殊性，普遍性寓于特殊性之中，并通过特殊性表现出来。显然，这是为普遍与特殊相结合、一般同个别相结合提供哲学基础。从本质来说，马克思主义基本原理具有普遍性、一般性，必须坚持。然而，这种普遍性、一般性不是抽象的，而是具体的，只有通过特殊的具体实际才能体现出来。

毛泽东在其唯物辩证法的代表作《矛盾论》中，更

---

[1] 《列宁选集》第 2 卷，人民出版社 2012 年版，第 558 页。
[2] 《列宁选集》第 2 卷，人民出版社 2012 年版，第 558 页。

## 第一章　全面深入理解"两个结合"的基本问题与核心要义

为鲜明地强调普遍和特殊、共性和个性的关系，注重普遍与特殊、共性与个性相结合，认为关于共性和个性的关系就是事物矛盾的精髓，当然也是辩证法的精髓。把这种关系上升到精髓的高度，其实质就是为马克思主义基本原理同中国具体实际相结合提供哲学基础。

邓小平把解放思想、实事求是确立为党的思想路线。这意味着要从中国具体实际出发看待事物、分析问题，这为马克思主义中国化提供了理论依据，即马克思主义必须同中国具体实际相结合。

通过上述梳理，我们可得到两点深刻的认识：第一，中国需要马克思主义，需要以马克思主义之"矢"放中国之"的"。马克思主义作为从人类社会历史发展的客观实际中抽象出来的基本原理，具有普遍性和共性，为中国共产党人认识世界和改造世界提供了行动指南，是我们立党立国、兴党兴国的根本指导思想，是我们党的灵魂和旗帜。第二，从实践中生长出的马克思主义基本原理还必须通过广大人民群众的实践回到中国具体的现实环境中落地、扎根，只有同中国具体实际相结合，运用于现实世界才能发挥其指导作用。脱离现实世界，离开具体条件，马克思主义基本原理的普遍性就无从谈起。

## 二、怎样理解"两个结合"的内涵及其实质

谈论结合，那么，究竟要结合什么？强调结合的实质又是什么？结合会产生何种成果？这些问题都有十分重要的意义。有研究成果强调，马克思主义中国化有三层含义，即马克思主义基本原理同中国具体实际相结合，包括同中国实践、中国历史传统、中华优秀传统文化相结合三个基本方面。有些专家指出，马克思主义中国化包括两层含义，即马克思主义基本原理同中国具体实际相结合、同时代特征相结合，集中表现为实践性和时代性。这表明我国理论界已经提出马克思主义基本原理要结合中国具体实际、中国历史传统、中华优秀传统文化的内涵，其中包括马克思主义基本原理"两个结合"的内涵。

中国具体实际是中国历史传统的当代呈现，时代特征也蕴含在中国具体实际之中，就是说，从中国具体实际中可以分析出中国的历史传统和时代特征；而且，影响中国及中国具体实际的基因是中华优秀传统文化，中

华优秀传统文化是中华民族的"根脉",是中国人一切行为的底蕴。所以,习近平总书记在"七一"重要讲话中提出的"两个结合"具有代表性,具有典型样本意义。把现有理论界研究成果作为思想资源,可从下述三个层面理解"两个结合"的内涵及其实质。

马克思主义中国化具有"中国化""化中国""理论成果"三个根本维度和三个层次的内涵,三者既相互区别又相互联系。从结合的重要性来讲,当然应先讲"化中国",即从现实维度讲马克思主义基本原理同中国具体实际相结合,其实质,就是使马克思主义在中国开花、结果,既寻求正确的中国道路,以解决中国社会主要矛盾和中国问题,推进中国历史进步,创新发展马克思主义;从结合的历史逻辑来说,可以先分析"中国化",即马克思主义基本原理同中华优秀传统文化相结合,因为马克思主义基本原理只有首先在中国落地、扎根("中国化"),才能开花、结果("化中国"),而在中国落地、扎根,就是先从历史维度讲马克思主义基本原理同中华优秀传统文化相结合,其实质,就是既使马克思主义在中国落地、扎根,又运用马克思主义立场观点方法对中华优秀传统文化进行创造性转化和创新性发展;从理论维度讲，这"两个结合"会产生中国化马克思主义这一创新成果。这里，"中国化""化中国"和"理论成果"的逻辑关系是，只有先解决"中国化"问题，才能解决"化中国"问题，"中国化"的目的是"化中国"，"中国化"和"化中国"就会产生中国化马克思主义的理论创新成果。

## （一）马克思主义基本原理同中华优秀传统文化相结合，使马克思主义在中国落地、扎根，此可谓"中国化"

第一，马克思主义基本原理同中华优秀传统文化相结合，具有结合的现实性。马克思主义与中华优秀传统文化具有基因契合性和价值一致性，因而能在中国落地、扎根。中华优秀传统文化的精髓是强调世界大同、协和万邦、兼济天下、和衷共济、民为邦本，马克思主义在本质上追求人类解放、以人民为本、共同富裕、社会和谐、每个人自由全面发展等。二者相通，构成马克思主义基本原理在中国落地生根的文化基础。

第二，马克思主义基本原理同中华优秀传统文化相结合，具有结合的必要性。一是马克思主义的本性要求。

马克思主义具有在现实中落地、扎根、开花、结果的本性，其产生、形成与实际运用必然要考虑落地、扎根、开花、结果的具体条件，包括文化土壤。二是马克思主义具有满足中国需要的实际功能。仅仅依靠中华优秀传统文化解决不了近代以来中国"向何处去"这一根本问题，历史和实践经验表明，只有运用马克思主义的立场、观点、方法，才能解决这一问题；马克思主义要解决这一问题，首先要在中国落地、扎根，被中国共产党人和中国人民理解和掌握，这就需要同中华优秀传统文化相结合。三是实现伟大梦想的迫切需要。实现中华民族伟大复兴，迫切需要把广大人民群众团结凝聚起来，中华优秀传统文化具有这种功能，它是中华民族共有的精神血脉、精神家园和精神纽带。

第三，马克思主义基本原理同中华优秀传统文化相结合，还要精准确定结合的方式、方法。这种结合的方式、方法，就是在坚持马克思主义基本原理本质不变的前提下的双方优势结合和双方功能互补。任何结合一定会有一个主体方，无论如何结合，主体方的本质基本上不能改变，否则就会不伦不类。马克思主义基本原理是结合的主导方，中国共产党人在任何时候都必须坚持。

在此前提下，我们既要运用马克思主义立场观点方法，对中华优秀传统文化实现创造性转化和创新性发展，使中华优秀传统文化服务于实现中华民族伟大复兴，服务于有效应对世界百年未有之大变局，又要汲取中华优秀传统文化的积极因素，从而进一步丰富和发展马克思主义；既要充分发挥中华优秀传统文化的积极作用，使马克思主义在中国落地、扎根，又要运用马克思主义立场观点方法解决中国问题。毛泽东等老一辈革命家就是这方面的典范。比如，对中国哲学史上关于知与行的论争，关于两种发展观的争论，关于历史观上的道德与功利、动机与效果的讨论，他们都作出了科学的批判和总结。再比如，实事求是与思想路线、民本思想与群众路线、尚贤思想与干部路线、大同理想与构建人类命运共同体、崇德精神与党性修养、群体意识与集体主义、小康之治与小康社会等，均是我们对传统命题的创新性发展。推进马克思主义中国化，就要对从孔子到孙中山的思想遗产进行全面批判的继承，让5000多年思想史成为理论创新的文化血脉和取之不尽的精神资源。

第四，马克思主义基本原理同中华优秀传统文化相结合，还要确定相结合的正确路径，即确定马克思主义在中国的具体实现方式。具体来说，就是使马克思主义基本原理具有中国式体现，使马克思主义方法论获得中国式运用，使马克思主义话语拥有中国式表达。实事求是既是马克思主义基本原理的中国式体现，也是马克思主义基本方法论的中国式运用，还是马克思主义话语的中国式表达。马克思主义的一条基本原理强调物质决定精神、社会存在决定社会意识，其中国式体现就是实事求是；马克思主义的一条基本方法论，是一切从客观实际出发，其中国式运用也是实事求是；辩证唯物主义基本原理的话语表达是客观存在决定主观意识，其中国式表达还是实事求是。

## （二）马克思主义基本原理同中国具体实际相结合，使马克思主义在中国开花、结果，此可谓"化中国"

马克思主义基本原理同中国具体实际相结合更具有根本性，其内涵及实质可从两方面来理解。

一方面，从"化什么"看，这涉及结合的根本环节。马克思主义基本原理同中国具体实际相结合，从根本上说，主要包括"谁来化""化什么""怎么化""化出什么"四个根本环节。这里的"化",既指使基本原理化为某种结果的一种努力和过程,也指使基本原理具有某种状态。从其内涵和实质讲,最值得我们关切的是"化什么"。"化什么"既是主体与客体互动性的内在统一,又是过程与结果的有机统一。马克思主义基本原理同中国具体实际相结合,就是"化基本原理"与"化具体实际"的有机统一。

"化基本原理",绝不是消解马克思主义,而是要将马克思主义基本原理同中国具体实际相结合,即立足中国历史方位、直面社会主要矛盾,解决中国问题,使马克思主义成为具有中国风格的中国化马克思主义。这是用中国具体实际转化马克思主义基本原理,确定在中国的具体实现方式,马克思主义基本原理是"化"的主题内容,运用中国具体实际是"化"的实现方式。

"化中国",就是用马克思主义基本原理与中国化马克思主义武装全党、教育人民、指导实践,解决中国面临的社会主要矛盾和根本问题,改造中国实践,促进中国社会进步和人的全面发展,使中国化马克思主义成为中国共产党执政的理论基础和中国人民的精神武器。这是用马克思主义基本原理与中国化马克思主义化中国,

## 第一章　全面深入理解"两个结合"的基本问题与核心要义

马克思主义基本原理与中国化马克思主义是化的主体，中国实践是化的客体。

另一方面，从马克思主义根本作用看，坚持马克思主义基本原理同中国具体实际相结合，是因为马克思主义对满足国家发展需要、解决中国社会主要矛盾和根本问题具有十分重要的作用，中国需要用马克思主义之"矢"放中国之"的"。这就是习近平总书记"七一"重要讲话所讲的，在中国，中国共产党为什么能、中国特色社会主义为什么好，归根结底是因为马克思主义行。

马克思主义行，是因为马克思主义基本原理行，它能使我们站在历史正确一边，掌握历史主动。马克思主义基本原理具有穿越时空进而发挥指导作用的特质。掌握不掌握马克思主义基本原理，实践效果大不一样。马克思主义基本原理的首要一条，就是社会基本矛盾原理。社会基本矛盾原理的一个核心要点，就是看生产关系与生产力、上层建筑与经济基础是否适合。所谓适合，就是一定的社会基本矛盾既能使经济社会发展充满动力和活力，也能使经济社会发展保持平衡与和谐，而当发展动能不足、发展失衡的时候，各种治理能跟上；所谓不适合，就是一定的社会基本矛盾既使经济社会发展缺乏动力和活力，也使经济社会发展失去平衡与和谐，当发展动能不足、发展失衡时，各种治理跟不上。其中所讲的经济社会发展的动力、平衡和治理状况，就是一定社会基本矛盾状况的具体体现，也蕴含着经济社会发展的基本规律。

我国改革开放和社会主义现代化建设，总体上遵循的就是这条规律，把社会基本矛盾原理作为行动指南，从而掌握了历史主动：在改革开放之初，我国总体上相对注重激活经济社会发展的动力、活力；当经济社会发展出现某种不平衡、不和谐时，我们倡导以人为本、全面协调可持续和统筹兼顾的科学发展观，努力构建社会主义和谐社会；中国特色社会主义进入新时代，针对经济社会发展的某些动能不足并出现某种失衡的情境，我们积极推进国家治理体系和治理能力现代化，致力于解决发展不平衡不充分的问题。正因如此，我们党领导人民创造了世所罕见的经济快速发展奇迹和社会长期稳定奇迹。

马克思主义行，是因为中国化时代化的马克思主义行，它立足中国历史方位，直面中国社会主要矛盾，选定正确道路，解决中国根本问题，促进中国走向成功。

# 第一章 全面深入理解"两个结合"的基本问题与核心要义

"中国共产党为什么能,中国特色社会主义为什么好,马克思主义、中国化时代化的马克思主义为什么行"是一个有机整体,要彼此理解:中国共产党之所以能,是因为使马克思主义行和中国化时代化的马克思主义行,使中国特色社会主义好;中国特色社会主义之所以好,是因为使中国共产党能,使马克思主义、中国化时代化的马克思主义行;马克思主义、中国化时代化的马克思主义之所以行,是因为使中国共产党能、使中国特色社会主义好。中国共产党人坚持把马克思主义基本原理同中国具体实际相结合、同中华优秀传统文化相结合,形成了中国化的马克思主义,包括毛泽东思想、邓小平理论、"三个代表"重要思想、科学发展观、习近平新时代中国特色社会主义思想。这是我们中国自己的马克思主义,这样的马克思主义使中国共产党人立足中国国情,解决中国特色社会主义建设进程中出现的一系列矛盾和问题,进而促进中国走向成功。

马克思主义行,是因为它能使我们观察时代、把握时代、引领时代。21世纪马克思主义,是使世界社会主义运动中心转移到当代中国而建构的,是既能解决人类问题又能解释和引领21世纪的世界的科学理论体系,是中国理论走向世界的标识性符号。当今世界正经历百年未有之大变局,迫切需要理论解释。

面对整个世界的不确定性,首先要给出合理解释。在解释世界问题上,一段时间内,新自由主义拥有话语权,但面对世界百年未有之大变局,新自由主义出现解释困境。新自由主义在本质上奉行个人至上,注重个体力量,当个体力量面对系统力量,追求个人自由面对动荡变革的世界,会力不从心。

相反,21世纪马克思主义具有解释优势。21世纪马克思主义注重人类主体性、群体协同性、命运共同性,能以系统应对系统,以整体应对整体。面对系统性的不确定性、动荡变革,需要全人类共同努力,需要集体力量、人民力量,需要个体服从整体和大局,需要团结合作、携手克难。21世纪马克思主义强调的正是人类与群体的协同性与主体性,强调系统整体,注重依靠人类力量、集体力量与团结合作力量,注重个体服从整体和大局,注重携手构建人类命运共同体。21世纪马克思主义能站在历史正确一边,以确定应对不确定。21世纪马克思主义注重运用系统思维、辩证思维和战略思维完整理解事物内部矛盾,把握事物的本质、发展趋势和规律,有助于从系统上正确处理系列复杂矛盾关系，应对种种不确定。21世纪马克思主义是以和平发展、合作共赢为核心理念的科学理论体系，是注重携手共建人类命运共同体的科学理论体系，是注重以集体力量、人民力量、团结合作力量应对各种复杂的矛盾难题、障碍阻力、风险挑战的科学理论体系，它有助于解答社会主义与资本主义并存的21世纪和世界百年未有之大变局中的矛盾难题和人类问题，有助于我们观察时代、把握时代和引领时代。

## （三）"两个结合"是创新发展马克思主义的根本路径

"两个结合"中的一个内涵，就是针对把马克思主义教条化的倾向，强调马克思主义要与时俱进，要通过"两个结合"推进马克思主义创新发展，用中国化时代化的马克思主义指导中国实践。

在运用马克思主义解决中国社会主要矛盾和根本问题过程中，需要解决的一个重要课题，就是防止把马克思主义教条化。在中国革命、建设和改革历史进程中，不同程度地存在着把马克思主义教条化的倾向。所谓教条主义，在本质上是一种主观与客观相分离、认识与实践相脱离、理论与实际相背离的主观唯心主义。其本质特征是：在没有完全理解和把握马克思主义的真正本质与具体实际的情况下，用只言片语替代有机整体；用外在标签替代内在生成；用主观臆想代替现实联系；用公式套语剪裁具体现实；把部分理论和具体结论看作普遍的一般历史哲学，包治百病的灵丹妙药；想问题、办事情，从抽象原则和书本公式出发，不是从客观实际出发；离开中国国情、历史条件和具体实际，离开时代和实践的发展，固守马克思主义经典作家基于当时具体历史条件和实际情况得出的个别论断、具体结论；习惯于从经典作家的只言片语中寻求万古不变的公式和药方，并剪裁急剧变化的社会生活。教条主义是马克思主义中国化的天敌，是马克思主义基本原理同中国具体实际相结合、同中华优秀传统文化相结合的障碍，给中国革命、建设和改革带来了严重危害，其深刻教训使中国共产党人认识到："马克思主义理论从来不是教条，而是行动的指南。它要求人们根据它的基本原则和基本方法，不断结合变化着的实际，探索解决新问题的答案，从而也发展

第一章　全面深入理解"两个结合"的基本问题与核心要义

马克思主义理论本身。"[1]这就要求我们在运用马克思主义立场、观点、方法解决中国社会主要矛盾和根本问题的进程中，必须反对把马克思主义教条化的倾向，不断推进马克思主义中国化时代化，坚持马克思主义基本原理同中国具体实际、同中华优秀传统文化相结合，并创新中国化时代化的马克思主义，发挥中国化时代化的马克思主义在解决中国社会主要矛盾和根本问题中的重要作用。

中国的社会主义脱胎于政治经济相对落后的半殖民地半封建社会，既不同于马克思、恩格斯所构想的社会生产力高度发达基础上的社会主义，也不同于苏联式社会主义。在这样的国情下怎样建设社会主义，在马克思主义发展史上确实未曾遇到过，也不可能从马克思主义的本本中找到现成答案。中国共产党人坚持把马克思主义基本原理同中国具体实际、同中华优秀传统文化相结合，创造性地回答了什么是马克思主义、怎样对待马克思主义，什么是社会主义、怎样建设社会主义，建设什么样的党、怎样建设党，实现什么样的发展、怎样发展，

---

[1]《邓小平文选》第3卷，人民出版社1993年版，第146页。

什么是中国特色社会主义、怎样建设中国特色社会主义等重大时代课题，探索了在经济文化相对落后的国家如何建设和发展社会主义的问题，从而推进马克思主义的创新发展，形成并发展了中国化时代化的马克思主义。

当今世界正处于动荡变革期，新情况新问题层出不穷。如何解决好中国式现代化进程中出现的各种矛盾和问题，为实现中华民族伟大复兴铺平道路？当代中国马克思主义、21世纪马克思主义需要作出积极回应。我们需要通过推进马克思主义基本原理同中国具体实际相结合、同中华优秀传统文化相结合，创新发展当代中国马克思主义、21世纪马克思主义。

## 三、如何推进"两个结合"

当今最需要深入研究的，是如何推进马克思主义基本原理的"两个结合"。

### （一）需要系统深入总结并坚持推进马克思主义基本原理"两个结合"的重要经验

理论界对马克思主义基本原理的"两个结合"，尤其是与中国具体实际相结合的基本经验进行了总结。有的学者分别从理论前提、实践基础、必要条件、必由之路和重要保证五个方面进行概括：科学对待马克思主义，坚定马克思主义的信念，准确地理解马克思主义基本原理与中国具体实际；坚持实事求是，一切从国情实际出发，反对各种形式的教条主义；马克思主义要与时俱进、不断创新，以发展眼光看待马克思主义和中国具体实际；始终坚持群众观点和群众路线，实现好、维护好、发展好最广大人民的根本利益；加强中国共产党的理论建设，正确对待中华优秀传统文化和现代文明成果，把世界性、时代性的内容与民族性的形式有机结合起来，形成鲜明的中国气派。有的学者把与"两个结合"相关的基本经验概括为五条：真正了解中国实际，一切从中国国情出发；继承优秀历史文化，创造民族形式，形成中国气派；坚持世界眼光，吸收人类文明一切优秀成果；让马克思主义理论掌握群众，使之成为改造中国的强大物质力量；解放思想，与时俱进，不断总结实践经验，实现理论创新。

在吸收理论界研究成果的基础上，总结并坚持推进马克思主义基本原理"两个结合"的经验，可从"中国化"本身和"三化"整体两方面入手。

就"中国化"本身而言,我们曾经认为,"两个结合"的经验可概括为四个"着眼于":以分析解决中国问题为中心,着眼于从历史发展阶段与社会主要矛盾来把握中国国情;着眼于从正确的政治方向,正确的思想路线,正确的价值标准,正确处理中国革命、建设和改革进程中出现的矛盾关系来把握中国历史经验;着眼于从符合历史规律且有利于社会进步和人的发展来把握中华优秀传统文化;着眼于从时间、空间和条件出发把握中国实践发展要求。具体来说,主要有以下几个方面。

其一,从目的看,推进"两个结合"的过程,实质上就是以解决中国问题为中心的过程。为了解决中国革命、改革、建设中的重大问题,确有推进"两个结合"的必要。

其二,从总体看,推进"两个结合"首先要把握中国国情,中国国情在根本上可从历史发展阶段与社会主要矛盾来理解。不同历史发展阶段及其社会主要矛盾蕴含着不同的中国问题。

其三,从历史看,推进"两个结合"需要做到"三个必须":必须把握好正确的政治方向,必须坚持解放思想、实事求是的思想路线,必须确立并坚持判断推进"两个结合"成效的根本标准。

其四,从推进"两个结合"的历史进程看,必须正确处理中国革命、建设和改革进程中出现的一系列矛盾关系,推动理论和实践不断发展。

其五,从传统看,在推进"两个结合"进程中,必须考虑结合的血脉问题,即如何汲取中华优秀传统文化的积极因素,进行创造性转化、创新性发展。

其六,从实践发展进程看,中国共产党人着眼于从不同历史方位、社会主要矛盾、所解决的根本问题、首要任务出发,来把握中国实践发展新要求,进而推进"两个结合"。

推进"两个结合"的基本经验可概括为:推进"两个结合"只有体现时代发展要求和人民大众利益,才能得到顺利健康的发展,离开时代发展就会落后于时代发展所要求的水平,离开人民大众利益就得不到人民大众的认同。

推进"两个结合"实际上是推进马克思主义中国化时代化的一条基本规律,它揭示了马克思主义中国化的历史、现实、理论三个根本环节,建立起了历史、现实、理论之间的本质联系，实现了三者有机统一。

## （二）需要把握中国具体实际的根本，确定"结合点"

推进马克思主义基本原理同中国具体实际相结合的方式，最为根本的就是厘清中国具体实际的内涵，这涉及确定"结合点"的问题。

究竟什么是中国具体实际？"结合点"到底是什么？对此，不能知其然而不知其所以然。这是需要进一步厘清的重要问题。不然，对中国具体实际"结合点"的理解就会陷入人云亦云的境地。理解和把握中国具体实际，需要从历史方位、社会主要矛盾、根本问题、中国道路四个核心要素入手。

首先是历史方位，这是中国具体实际的时空维度。任何一种具体实际，都是一定历史时间中的实际，也是特定空间中的实际。中国的具体实际与美国的具体实际有很大差异，新民主主义革命时期的具体实际同改革开放和社会主义现代化建设新时期的具体实际也有所不同。

其次是社会主要矛盾，这是中国具体实际的本质维度。人类活动错综复杂、千差万别、千变万化，但归根

第一章　全面深入理解"两个结合"的基本问题与核心要义

结底可以还原到两个根本原点,即需求和供给。一个国家的社会主要矛盾,表达的是一个国家的总体需求状况、供给状况及供给满足需求的状况。一个国家的社会主要矛盾状况,是判断一个国家基本国情的主要依据之一,是判断一个国家社会整体发展状况的主要依据之一,是制定路线方针政策的主要依据之一,是党中央治国理政的基本依据,因而具有本质性。理解和把握中国具体实际,就必须把一定历史方位中的社会主要矛盾状况作为一个核心要素。

再次是根本问题,这是中国具体实际的时代维度。科学解答时代问题是马克思主义出场的基本路径,创造性地回答时代课题是马克思主义发展的动力。如马克思所言:"问题却是公开的、无所顾忌的、支配一切个人的时代之声。问题是时代的格言,是表现时代自己内心状态的最实际的呼声。"[1] 源自西方的马克思主义之所以能够在中国大地落地、扎根、开花、结果,其自身的科学性、革命性、实践性固然重要,但更为重要的是它契合了中国解决主要矛盾和根本问题的迫切需要。我们所

---

[1] 《马克思恩格斯全集》第1卷,人民出版社1995年版,第203页。

### 文化何以重要
与大众谈新的文化生命体与中华民族现代文明

解决的根本问题是社会主要矛盾的具体呈现，我们所讲的根本问题，背后都是社会主要矛盾使然。中国具体实际，自然包括一定历史方位所面临的社会主要矛盾及其蕴含的根本问题。中国共产党人在不同时期面临的时代课题，都与不同时期的社会主要矛盾及其所蕴含的根本问题直接相关。马克思主义基本原理同中国具体实际相结合，其首要目的就是破解一定历史方位中的社会主要矛盾及其所蕴含的根本问题。中国共产党自诞生那一天起，就强调将马克思主义基本原理同中国具体实际相结合，就是要运用马克思主义立场、观点、方法来解决所面临的根本问题和现实问题。正如习近平总书记所强调的："我们中国共产党人干革命、搞建设、抓改革，从来都是为了解决中国的现实问题。"[①]

最后是中国道路，这是中国具体实际的实践维度。破解社会主要矛盾、解决中国问题，关键在于找到一条正确的中国道路。中国道路的核心，既包括奋斗目标，也包括实现奋斗目标的实践方略。作为奋斗目标，它是所解决的社会主要矛盾及其所蕴含的根本问题的一种方

---

[①] 《习近平著作选读》第 1 卷，人民出版社 2023 年版，第 161 页。

## 第一章 全面深入理解"两个结合"的基本问题与核心要义

向性表达；作为实践方略，它是解决社会主要矛盾及其所蕴含的根本问题的根本方式。中国道路，就是直奔解决社会主要矛盾及其所蕴含的根本问题而去的。比如，中国式现代化新道路，就是直奔解决人民日益增长的美好生活需要和不平衡不充分的发展之间的社会主要矛盾而去的，进而是直奔解决其中所蕴含的人民生活好不好、国家强不强、世界和平不和平、政党过硬不过硬等根本问题而去的。中国具体实际，自然包括中国道路这一要素。马克思主义基本原理同中国具体实际相结合，最根本的就是找到一条能解决一定历史方位的社会主要矛盾及其所蕴含的根本问题的正确道路。习近平总书记指出："道路问题是关系党的事业兴衰成败第一位的问题，道路就是党的生命。"[1]

谈到中国道路，就涉及"两个结合"与中国式现代化新道路之间的关系。坚持并推进"两个结合"，既是为了寻求破解中国社会主要矛盾及其所蕴含的根本问题的正确道路，也是为了使中国道路具有中华文化基因，使其有助于解决中国社会主要矛盾及其所蕴含的根本问

---

[1] 《十八大以来重要文献选编》（上），中央文献出版社2014年版，第117页。

题。所以，坚持并推进"两个结合"与中国式现代化新道路，本质上是同一问题的两个侧面，即在创造中国式现代化新道路进程中不断推进马克思主义中国化时代化及"两个结合"，而不断推进马克思主义中国化时代化及"两个结合"，也要紧紧围绕创造中国式现代化新道路来进行。

## （三）需要提炼中华优秀传统文化精髓，寻求结合方式

首先，中华优秀传统文化是中国人理解马克思主义基本原理的"起点"，是推进马克思主义中国化时代化的思想资源，它使马克思主义中国化时代化具有民族根基与文化血脉。

马克思主义基本原理同中华优秀传统文化相结合，本是马克思主义中国化的题中应有之义。以往对马克思主义中国化时代化的理解，主要侧重于把马克思主义基本原理同中国具体实际相结合。毛泽东思想、邓小平理论、"三个代表"重要思想、科学发展观、习近平新时代中国特色社会主义思想等理论创新成果表明，中华优秀传统文化是中国人理解马克思主义基本原理的起点，其

优秀成分更是马克思主义中国化时代化的肥沃土壤。正如产生于西方文化语境的马克思主义有自己的理论来源一样，具有5000多年历史文化传统的中华文明也构成了马克思主义中国化的思想资源。马克思主义基本原理同中华优秀传统文化相结合，不仅要系统梳理中华优秀传统文化遗产，更要进一步研究这一文化遗产如何被中国特色社会主义理论体系扬弃性继承。只有这样，马克思主义基本原理才会真正具有民族根基与文化血脉，才能真正同中华优秀传统文化相结合。

其次，可以从中华优秀传统文化中寻求结合方式，既对其精华实行创造性转化和创新性发展，又运用马克思主义立场、观点、方法克服其历史局限性，以丰富发展马克思主义。这种结合方式可概括为双方优势结合和双方功能互补。

如何处理好马克思主义基本原理同中华优秀传统文化的关系，是一个焦点问题。有些学者拒斥中华优秀传统文化，另一些学者希望在中华优秀传统文化中找到马克思主义的因素。实际上，如果马克思主义基本原理不同中华优秀传统文化相结合，中国化时代化的马克思主义就会失去中华文化之根；而仅仅谈中华传统文化复兴，中国化时代化的马克思主义又难以获得自己的超越性和时代性。这里的关键，是如何寻求马克思主义基本原理同中华优秀传统文化相结合的方式。可以基于"体用关系"来寻求其结合方式，即马克思主义基本原理是"体"，中华优秀传统文化是"用"，我们既要弘扬中华优秀传统文化，使马克思主义在中国落地、扎根，还要超越中华优秀传统文化的历史局限性，运用马克思主义对其实现创造性转化和创新性发展。

从民族文化的包容性看，马克思主义中国化时代化就是中华民族从文化心理上接受马克思主义，进而对自身的传统文化进行扬弃、创新的过程。中华优秀传统文化是在漫长的历史演变中，由不同民族、不同地域的世代传承交汇融合而成的，其突出特点是海纳百川、兼容并包。如果没有中华民族文化的包容性，马克思主义中国化时代化就不可能有广泛的群众基础。要进一步立足当代中国和世界的发展，运用马克思主义立场、观点、方法，对中华优秀传统文化进行深入发掘和提炼，重构一种真正面向现代化、面向世界、面向未来的中国特色社会主义文化。与此同时，也要使马克思主义更深层地融入中华文化之中，从而具有更深厚的中华文化底蕴，具有更鲜活的民族表达方式，具有更鲜明的民族特色。

要而言之，马克思主义基本原理与中华优秀传统文化是"体用关系"，可以从中华优秀传统文化中找到马克思主义创新发展和发挥作用的生长点，这是通过对中华优秀传统文化实现创造性转化和创新性发展实现的。

需澄清的是，在推进中国式现代化进程中，不是中华优秀传统文化挽救了中国，而是中国革命的胜利使中华优秀传统文化免于同近代中国社会和民族的衰败一道走向没落；不是中华优秀传统文化把一个满目疮痍、贫穷落后的中国推向世界，而是当代中国的改革开放和社会主义现代化建设以及中华民族伟大复兴把中华优秀传统文化推向世界，使中华优秀传统文化重振雄风成为可能。没有一个强大的中国，就不会有一个名扬四海的孔子。这意味着马克思主义对中华优秀传统文化肩负着创造性转化和创新性发展的重任。在转化和发展过程中，中华优秀传统文化的积极因素和消极因素都会发挥作用，我们要警惕在马克思主义基本原理同中华优秀传统文化相结合的过程中某些消极东西的渗入。

最后，让马克思主义讲中国话语。马克思主义基本原理的话语表达至关重要。人们在进行对话交流时，对不懂英语的人讲英语对方就听不懂，对不懂粤语的人讲粤语对方也听不懂，对3岁的儿童讲大人的道理他们更听不懂。这里有一个话语表达问题。要使马克思主义基本原理在中国落地、扎根、开花、结果，就需要让马克思主义讲中国话语，以便中国人理解、把握、接受马克思主义。如马克思主义关于辩证唯物论的基本原理，在中国讲就是实事求是；关于人民群众是历史创造者的原理，在中国讲就是以人民为中心；关于民主的基本原理，在中国讲就是全过程人民民主；马克思主义的中国化表达，就是毛泽东思想、邓小平理论、"三个代表"重要思想、科学发展观、习近平新时代中国特色社会主义思想。

# 第二章
## 「第二个结合」是又一次的思想解放

习近平总书记在文化传承发展座谈会上指出："'第二个结合'是又一次的思想解放，让我们能够在更广阔的文化空间中，充分运用中华优秀传统文化的宝贵资源，探索面向未来的理论和制度创新。"[1]这一重要论述含金量高，具有重大意义，为理解和把握"又一次的思想解放"提供了空间、思路和框架。

在这一重要论述中，每一词句都有其深意。"更广阔的文化空间"，指的是又一次思想解放的问题域，涉及与中华优秀传统文化相关的问题空间，主要包括：中华优秀传统文化与中国具体实际的关系，中华优秀传统文化与马克思主义基本原理的关系，中华优秀传统文化与中国道路、中国理论、中国制度的关系，中华优秀传统文化与中国式现代化的关系，中华优秀传统文化与中华民族现代文明的关系，中国式现代化与西方现代化的关

---

[1] 习近平：《在文化传承发展座谈会上的讲话》，《求是》2023年第17期。

系，中华优秀传统文化、中华民族现代文明与人类文明新形态的关系，等等；"充分运用中华优秀传统文化的宝贵资源"，谈的是这次思想解放的立足点、主线和路径，需要围绕中华优秀传统文化和中华民族现代文明及其时代价值、世界意义来把握；"探索"，意味着对又一次的思想解放可以从学理上作进一步思考和探究；"面向未来的理论和制度创新"，意味着"又一次的思想解放"既是面向未来的创新，又是聚焦中国理论和中国制度的创新，当然也涉及中国道路问题。

尤其是"又一次的思想解放"，要求厘清思想解放的对象、内容和范围，与以往我们党所讲的思想解放有何不同。我们需要从党的百年奋斗历程来理解"又一次的思想解放"。习近平总书记所讲的"现在"是历史性概念，需要从历史逻辑来理解。这里习近平总书记所讲的"又一次"也是历史性概念，需要从历史维度来把握，即从中国共产党百年奋斗历程来把握。解放思想的实质，是打破思想禁锢和思想僵化。在中国共产党的百年奋斗历程中，"小"的思想解放有无数次，相对较"大"的思想解放有多次。其中一次思想解放，主要发生在新民主主义革命、社会主义革命和建设两个历史时期，主要目

## 文化何以重要
### 与大众谈新的文化生命体与中华民族现代文明

的是破除"把马克思主义教条化的思想禁锢",这是一次较大的思想解放。还有一次思想解放,主要发生在改革开放和社会主义现代化建设新时期。通过真理标准问题大讨论,我们党破除了当时存在的僵化思想观念,重新恢复和确立了解放思想、实事求是的思想路线,强调要从客观实际出发来认识当时中国的国情。于是,我们党作出一个重大政治判断,即中国仍然处于社会主义初级阶段。"初级阶段"意味着生产力不发达,还是一个"不够格"的社会主义。因此,社会主义初级阶段的根本任务,就是解放生产力、发展生产力。为此,当时就强调市场经济可以用,资本运作也可以用,西方的科学技术、管理方式也可以借鉴。这就涉及两个问题:一是如何看待传统的社会主义观,二是如何看待资本主义社会中存在的东西。这一次思想解放,主要目的就是把人们从对社会主义和资本主义传统的、片面的、肤浅的认识中解放出来,从"把传统社会主义观教条化的思想禁锢"中解放出来,凸显的是生产力在社会主义本质中的重要地位。所以,当年邓小平强调要重新认识社会主义,把"什么是社会主义、怎样建设社会主义"当作重大时代课题,把社会主义本质定义为"解放生产力,发展生产力,消灭剥削,消除两极分化,最终达到共同富裕"[1]。"又一次的思想解放"发生在中国特色社会主义新时代。这一次思想解放的对象相对发生了变化,对象是如何看待"古今中西之争",即注重把人们从对中华优秀传统文化片面的、肤浅的、僵化的认识中解放出来,从对西方现代化、"西方中心论"的迷思的思想禁锢中解放出来,促进根和魂的结合,形成一个有机统一的新的文化生命体。其实质,是对文化和文明的重估,是一种意义上更为宏大的文化观和文明观转变上的思想解放。

基于上述对词句的简要分析,结合习近平总书记相关重要论述,再理解话语背后的"道","又一次的思想解放"不只是在某一种具体思想观念上的思想解放,而且从总体上是围绕"中华优秀传统文化""中国式现代化的文化形态""中华民族现代文明"的时代地位和世界意义来理解的,是文化观和文明观重大转变意义上的思想解放,目的是把人从中华优秀传统文化的文化虚无主义和"西方中心论"的迷思中解放出来。这些内容都需要从学理上作出进一步的思考和研究。

---

[1] 《邓小平文选》第3卷,人民出版社1993年版,第373页。

**文化何以重要**
与大众谈新的文化生命体与中华民族现代文明

# 一、对中国具体实际与中华优秀传统文化关系认识的思想解放

"又一次的思想解放",就是从过去对中国具体实际与中华优秀传统文化关系的传统认识中解放出来,在新时代确立中华优秀传统文化对于中国具体实际而言的相对独立性及其特殊意义。这个意义上的思想解放主要体现在对中国具体实际与中华优秀传统文化关系的认识方面。过去,人们往往认为中国具体实际包含了中华优秀传统文化,所以只讲马克思主义同中国具体实际相结合就够了。"第二个结合"使我们深刻认识到,中国具体实际和中华优秀传统文化的关系,与中国具体实际内涵的历史演进直接相关。中国具体实际的内涵不同,我们对马克思主义与中华优秀传统文化的认识也就不同。

在新民主主义革命时期,中国具体实际主要是为推翻"三座大山"进而实现民族独立、人民解放来探寻新民主主义革命的道路;独立、解放、革命是主导话语,这自然要求从马克思主义基本原理中寻求思想资源。

在社会主义革命和建设时期,中国具体实际主要是

## 第二章 "第二个结合"是又一次的思想解放

进行社会主义革命、推进社会主义建设，探索农民人口占绝大多数的落后中国建设社会主义的道路，其中，"社会主义革命和建设"是核心话语。当时，在如何建设社会主义的问题上，人们最关切的问题是走传统苏联式社会主义道路，还是把马克思主义基本原理同中国具体实际相结合，寻求一条符合中国国情的社会主义道路。在当时的历史条件下，人们通常认为，不论选择哪一条道路，似乎都不能从中华优秀传统文化中获得根本启迪。

在改革开放和社会主义现代化建设新时期，党面临的主要任务亦即中国具体实际，是继续探索中国建设社会主义现代化的正确道路，解决人民日益增长的物质文化需要同落后的社会生产之间的矛盾，解放和发展社会生产力，使人民摆脱贫困，尽快富起来。其主导话语是社会主义现代化、解放和发展社会生产力。"改革开放""社会主义现代化""解放和发展社会生产力""解决落后的社会生产""摆脱贫困""尽快富起来"这些频频出现的话语，使人们从马克思主义经典著作及西方现代化理论中寻找相关思想资源，相对注重马克思主义关于实践和理论的关系，生产力和生产关系的关系，经济基础和上层建筑的关系，社会主义和资本主义的关系，经济发展与社会发展、人的发展的关系等方面的思想资源。

这样，在上述三个历史时期，我们就相对注重马克思主义基本原理、中国具体实际及二者的结合问题，对中华优秀传统文化有所提及，但关切度不够。

中国特色社会主义进入新时代，中国具体实际的内涵发生了历史性变化。全面建成小康社会、全面建成社会主义现代化强国，解决人民日益增长的美好生活需要和不平衡不充分的发展之间的矛盾，迎来从站起来、富起来到强起来的伟大飞跃，实现中华民族伟大复兴等，构成新时代中国具体实际的丰富内涵。强国建设、民族复兴、强起来、实现人民美好生活、建设更强大的中国共产党、世界和平等，内在要求我们高度重视中华优秀传统文化。因为强国建设、民族复兴、强起来包括文化复兴和文化强国，强调文化复兴、文化强国，就必须坚定文化自信，拥有思想和文化主体性，使中华优秀传统文化通过创造性转化、创新性发展而强起来，进而满足中国式现代化与强国建设、民族复兴的需要。人民美好生活的内在要求，使中华优秀传统文化中的民为邦本、为政以德、天人合一等宝贵思想焕发新的生机；建设强大的中国共产党的要求，使中华优秀传统文化中具有为政以德、任人唯贤、厚德载物的思想资源重新得到重视；追求世界和平的内在要求，使中华优秀传统文化中关于天下为公、讲信修睦、亲仁善邻、协和万邦、兼济天下、世界大同、美美与共等价值理念又有了用武之地，有助于推进世界和平。这就是说，这些思想资源和文化基因可以为强国建设、民族复兴、人民过上美好生活、中国共产党变得更强大、实现世界和平提供思想支撑。更何况，中国式现代化也内在要求丰富人民精神世界，建设文化强国。

在这种情况下，我们不仅把中华优秀传统文化从中国具体实际中相对独立出来，把它看作"根脉"，而且把马克思主义基本原理、中国具体实际和中华优秀传统文化三者看作相互成就的关系，使中华优秀传统文化在马克思主义中国化和"化中国"的过程中发挥特殊作用。由此，中华优秀传统文化具有相对独立性和特殊意义，把中华优秀传统文化从中国具体实际中相对独立出来，中华优秀传统文化是"根脉"，就是我们对中国具体实际与中华优秀传统文化关系认识的思想解放。

## 二、对马克思主义基本原理与中华优秀传统文化关系认识的思想解放

"又一次的思想解放",就是从对马克思主义基本原理与中华优秀传统文化关系的肤浅认识中解放出来,从历史虚无主义和文化虚无主义的思想禁锢中解放出来,强调马克思主义与中华优秀传统文化是相互契合、相辅相成、相互成就的关系,马克思主义是"魂脉",中华优秀传统文化是"根脉",二者结合充分彰显了我们在思想和文化上的主体性。这种思想解放主要体现在对马克思主义基本原理与中华优秀传统文化关系的理解方面。

对于马克思主义与中华优秀传统文化的关系,过去理论界有两种观点。一种观点认为,马克思主义与中华优秀传统文化是主从关系,马克思主义是主,中华优秀传统文化是从,即从属于马克思主义。另一种观点认为,马克思主义是关于阶级斗争和无产阶级革命的学说,中华优秀传统文化主要是关于和合的主张,二者具有质的不同;或者认为马克思主义是外来文化,它与中华优秀传统文化是两种不同的理论谱系,甚至与中华优秀传统

文化格格不入。上述理解均是对马克思主义与中华优秀传统文化的误读，结果通常使人们重马克思主义而轻中华优秀传统文化，对中华优秀传统文化采取历史虚无主义和文化虚无主义的态度。

马克思主义是我们党立党立国、兴党兴国的根本指导思想，在如何理解和把握马克思主义与中华优秀传统文化关系方面，我们必须始终坚持马克思主义，但也不能轻视中华优秀传统文化。习近平总书记在文化传承发展座谈会上的重要讲话，对马克思主义与中华优秀传统文化的关系作出了一种新的理解，使我们对马克思主义基本原理与中华优秀传统文化关系的认识获得了思想解放。

首先，"第二个结合"破除了只重视马克思主义而贬低中华优秀传统文化的思想观念，在不断推进马克思主义中国化时代化进程中，注重把马克思主义看作"魂脉"，把中华优秀传统文化看作"根脉"；"魂脉"即思想文化的灵魂、核心和命脉；"根脉"即思想文化的根本、源泉和血脉。这样的论断有其深意："根脉"与"魂脉"并提，提升了中华优秀传统文化在推进马克思主义中国化时代化、推进理论创新中的时代地位和作用，从而巩固了我们党在这一过程中的思想和文化主体性。所谓思想和文化主体性，就是破除对西方思想文化和"西方中心论"的膜拜，重估并确立中华优秀传统文化的时代价值和世界意义，既为推进马克思主义中国化时代化提供"根脉"支撑，也为推进马克思主义中国式现代化提供"根脉"支撑，在此基础上构建中国式现代化的文化形态和中华民族现代文明，为创造人类文明新形态贡献中国思想和文化，从而确立中国式现代化、中华民族现代文明在思想和文化上的主体性权威。

其次，"第二个结合"破除了马克思主义与中华优秀传统文化二者具有质的不同，甚至格格不入的思想观念，强调虽然时代背景不同、解决问题不同、思想方法不同、思想来源不同、理论观点不同、思维方式不同，但彼此在价值追求、回答重大时代课题、理论特质、思维方式和气质上存在高度契合性。正如党的二十大报告所指出的："中华优秀传统文化源远流长、博大精深，是中华文明的智慧结晶，其中蕴含的天下为公、民为邦本、为政以德、革故鼎新、任人唯贤、天人合一、自强不息、厚德载物、讲信修睦、亲仁善邻等，是中国人民在长期生产生活中积累的宇宙观、天下观、社会观、道德观的重要体现,同科学社会主义价值观主张具有高度契合性。"[1]笔者认为,在宇宙观上,马克思主义强调人与自然和谐共生,中华优秀传统文化主张天人合一;在天下观上,马克思主义强调自由人的联合体,中华优秀传统文化主张协和万邦、兼济天下、世界大同、讲信修睦、亲仁善邻;在社会观上,马克思主义强调矛盾的统一性和斗争性的辩证关系,中华优秀传统文化主张和而不同,等等。

最后,"第二个结合"破除了马克思主义与中华优秀传统文化互不相干的思想观念,强调马克思主义与中华优秀传统文化是相互成就的关系。一方面,"中华优秀传统文化充实了马克思主义的文化生命,推动马克思主义不断实现中国化时代化的新飞跃,显示出日益鲜明的中国风格与中国气派,中国化马克思主义成为中华文化和中国精神的时代精华"[2];另一方面,"马克思主义把先进的思想理论带到中国,以真理之光激活了中华文明的基因,引领中国走进现代世界,推动了中华文明的生命更

---

[1] 习近平:《高举中国特色社会主义伟大旗帜 为全面建设社会主义现代化国家而奋斗——在中国共产党第二十次全国代表大会上的报告》,人民出版社2022年版,第18页。
[2] 习近平:《在文化传承发展座谈会上的讲话》,《求是》2023年第17期。

新和现代转型"[1]，"实现了从传统到现代的跨越，发展出中华文明的现代形态"[2]。就是说，中华优秀传统文化使马克思主义中国化，涵养了马克思主义，使来自异国他乡的马克思主义得以扎根于中华优秀传统文化的沃土，在中国开花、结果，根深叶茂，这就为马克思主义中国化既提供了文化支撑，也拓展了新的天地，还赋予其新的内涵和广阔的发展空间，使其呈现出强大生命力；马克思主义则激活了中华优秀传统文化的基因，使中华优秀传统文化和中华文明在现代文明中得以创造性转化和创新性发展，并赋予其新的时代内涵，不断焕发出其新的时代价值。

总之，"'第二个结合'让马克思主义成为中国的，中华优秀传统文化成为现代的，让经由'结合'而形成的新文化成为中国式现代化的文化形态"[3]，既使马克思主义深刻改变了中国，也使中国极大地丰富了马克思主义。

---

[1] 习近平：《在文化传承发展座谈会上的讲话》，《求是》2023年第17期。
[2] 习近平：《在文化传承发展座谈会上的讲话》，《求是》2023年第17期。
[3] 习近平：《在文化传承发展座谈会上的讲话》，《求是》2023年第17期。

## 三、对中华优秀传统文化与中国道路、中国理论、中国制度关系认识的思想解放

"又一次的思想解放",就是从对中华优秀传统文化与中国道路、中国理论、中国制度关系的片面认识中解放出来,注重从中华优秀传统文化、"第二个结合"维度来理解中国道路、中国理论、中国制度的"根脉"及其创新空间和创新方向。这一次思想解放体现在守正和创新的关系方面,就是在坚持守正的前提下,从"第二个结合"中找到了中国道路、中国理论、中国制度新的创新空间、创新源泉和创新方向。

过去,对于中国道路、中国理论、中国制度,我们比较注重从马克思主义、中国具体实际及二者结合的角度出发,探讨其理论和现实根据。虽然在谈到坚定文化自信时,我们强调文化是更基础、更广泛、更深厚的自信,但从中华优秀传统文化、"第二个结合"的角度来理解中国道路、中国理论、中国制度的"根脉"及创新空间、创新方向方面,总体上看我们做得还不够。习近平

**文化何以重要**
与大众谈新的文化生命体与中华民族现代文明

总书记从巩固思想和文化主体性的高度,特别强调中华优秀传统文化对中国道路、中国理论、中国制度所具有的意义,他指出,"第二个结合""让我们能够在更广阔的文化空间中,充分运用中华优秀传统文化的宝贵资源,探索面向未来的理论和制度创新"[1]。深入分析这一重要论述,其深意就是可以从中华优秀传统文化、马克思主义基本原理同中华优秀传统文化的结合中,探索中国理论、中国制度乃至中国道路的创新空间和创新方向。关于中国道路,"第二个结合"筑牢了道路根基。习近平总书记指出,"我们的社会主义为什么不一样?为什么能够生机勃勃、充满活力?关键就在于中国特色"[2],"在中国特色社会主义新时代,党和国家的事业之所以取得了历史性成就、发生了历史性变革,一个重要原因就是我们坚持了'两个结合'"[3],"中国特色社会主义道路是在马克思主义指导下走出来的,也是从五千多年中华文明史中走出来的;'第二个结合'让中国特色社会主义道路有了更加宏阔深远的历史纵深,拓展了中国特色社会主义道路的

---

[1] 习近平:《在文化传承发展座谈会上的讲话》,《求是》2023年第17期。
[2] 习近平:《在文化传承发展座谈会上的讲话》,《求是》2023年第17期。
[3] 习近平:《在文化传承发展座谈会上的讲话》,《求是》2023年第17期。

第二章 "第二个结合"是又一次的思想解放

文化根基"[1]。这里，中国特色社会主义道路的中国特色、重大变革乃至世界意义等，都与中华优秀传统文化及中华文明相关。这告诉我们，要从中华优秀传统文化、中华文明方面来探索中国道路的创新空间和创新方向。关于中国理论，过去我们从马克思主义基本原理同中国具体实际相结合方面谈得较多，从中华优秀传统文化、"第二个结合"方面谈得相对较少。强调中华优秀传统文化、"第二个结合"给我们的启示就是，要从中华优秀传统文化、"第二个结合"方面来探索中国理论的根基支撑以及创新空间和创新方向。中国化时代化的马克思主义、中国式现代化理论，不仅有马克思主义理论支撑，也有中华优秀传统文化的"根脉"，这种"根脉"赋予中国理论创新以主动性，是中国理论创新的新方向。关于中国制度，过去我们也是比较多地从马克思主义基本原理、中国具体实际及二者的结合中寻求创新依据，从中华优秀传统文化、"第二个结合"方面来探索其创新的依据、空间和方向相对比较少。强调中华优秀传统文化和"第二个结合"，给我们重要的启示就是，可以进一步从中

---

[1] 习近平：《在文化传承发展座谈会上的讲话》，《求是》2023年第17期。

华优秀传统文化、"第二个结合"方面，来探索中国制度的"根脉"以及中国制度创新的依据、空间和方向。

## 四、对中华优秀传统文化与中国式现代化关系认识的思想解放

"又一次的思想解放"，就是从对中华优秀传统文化与中国式现代化关系的片面、僵化认识中解放出来，揭示中华优秀传统文化与中国式现代化的内在本质联系，深刻认识"第二个结合"使我们确立了中国式现代化的文化形态。这一视角的思想解放主要体现在对传统和现代化关系的理解方面。

过去，我们在对中华优秀传统文化、中华文明与中国式现代化关系的认识方面存在一些误解。一些人把"传统—现代"的解释框架作为一种公式，认为传统和现代是相悖的，中华优秀传统文化与中国式现代化是此消彼长、势不两立的断裂关系。在他们看来，中华文化、中华文明都是传统的，因而是落后的、缺乏生机活力的，与中国式现代化格格不入，是中国实现现代化的包袱，

阻碍了中国式现代化的发展。正因如此，党的十八大之前，一些人对中国式现代化的理解，大多是从马克思主义及西方现代化中寻找思想资源和理论根据。习近平总书记对"第二个结合"重大意义的阐释，推动了对中华优秀传统文化与中国式现代化关系认识的思想解放。

第一，需要从马克思主义基本原理、中国具体实际、中华优秀传统文化三者结合的方面来理解和把握中国式现代化，尤其要突出中华优秀传统文化对中国式现代化的意义，即从中华优秀传统文化中寻求中国式现代化的"根脉"依据和思想资源，进而从中华优秀传统文化中寻找中国式现代化的创新空间——中国式现代化的文化形态。这就是说，中国式现代化的本质特征和文化形态，一定意义上是由中华优秀传统文化定义的，而且这种本质特征和文化形态具有世界意义，它以世界大同、兼济天下、协和万邦、和而不同的文明，区别并高于西方的资本掠夺和殖民扩张的帝国文明，为人类实现现代化提供了具有光明前景的新的选择。这表明我们党把握了推进和拓展中国式现代化的主动性。

第二，依据"第二个结合"，中国式现代化与中华优秀传统文化不是彼此割裂的关系，而是相互成就、相互促进的关系。一般来讲，传统和现代化之间存在三种关系。第一种是相互否定的关系。有些传统是现代化的障碍，如封建的"官本位"观念和专制制度，会导致现代化的某种停滞。第二种是相互肯定的关系。有些传统具有优秀、合理的成分，既构成连接传统和现代的纽带，也成为体现中国特色的底层逻辑和现代化的"根脉"依据，如中华优秀传统文化中的天下为公、民为邦本、为政以德、革故鼎新、任人唯贤、天人合一、自强不息、厚德载物、讲信修睦、亲仁善邻等，就是如此。第三种是相互契合、相互成就的关系。现代化可以从中华传统文化、中华文明中优秀、合理的因素中寻求资源和汲取智慧，为现代化注入营养，使现代化有"根"，进而根深叶茂；现代化也可以激活中华传统文化、中华文明中优秀、合理的因素，使"死"的活起来，为传统注入动力且焕发新的生机活力，如"天下为公"与"全体人民共同富裕的现代化"相关，"天人合一"与"人与自然和谐共生的现代化"相融，"讲信修睦、亲仁善邻"与"走和平发展道路的现代化"相通。

第三，综上所述，"第二个结合"解构了"传统—现代化"二分法的思维方式和解释框架，对中华优秀传文化与中国式现代化的关系作出全新的理解，把二者看作彼此契合、相互交融、相互塑造、相互成就、相互促进的成长关系，认为中华优秀传统文化积淀着中华民族最深层的精神追求，代表着中华民族独特的精神标识，中华文明具有连续性、统一性、创新性、包容性、和平性，因而在推进和拓展中国式现代化进程中是不可或缺的，可以为建设中国式现代化的文化形态、建设中华民族现代文明提供文化基础；同时认为中国式现代化也使中华优秀传统文化、中华文明彰显出时代价值和世界意义。习近平总书记指出："中国式现代化是赓续古老文明的现代化，而不是消灭古老文明的现代化"[①]；"如果没有中华五千年文明，哪里有什么中国特色？如果不是中国特色，哪有我们今天这么成功的中国特色社会主义道路？"[②] 这就使我们找到了中国式现代化的文化形态及其世界意义的文明依据，因而推动了对中华优秀传统文化与中国式现代化关系认识的思想解放。

---

① 习近平：《在文化传承发展座谈会上的讲话》，《求是》2023年第17期。
② 习近平：《在文化传承发展座谈会上的讲话》，《求是》2023年第17期。

## 五、对中华优秀传统文化与中华民族现代文明关系认识的思想解放

"又一次的思想解放",就是从对中华优秀传统文化和中华民族现代文明关系的认识中解放出来,建立起中华优秀传统文化和中华民族现代文明以及文化和文明二者的内在本质关系,深刻认识到"第二个结合"能创造出一种有机统一的新的文化生命体和新的文明形态。这种思想解放体现在对中华优秀传统文化与中华民族现代文明关系的理解方面。

一方面,"第二个结合"强调,马克思主义基本原理同中华优秀传统文化相结合,"造就了一个有机统一的新的文化生命体",既"发展出中华文明的现代形态",也使"形成的新文化成为中国式现代化的文化形态"。[①] 这种理解坚持了守正创新的方法论原则,科学揭示了中华文明与中华民族现代文明之间的关系。它首先建立起中华优秀传统文化与中华民族现代文明之间的"根脉"关系,这体现了守正基础上的连续性;同时又强调中华民族现代文

---

[①] 习近平:《在文化传承发展座谈会上的讲话》,《求是》2023年第17期。

明既来源于中华优秀传统文化，又高于中华优秀传统文化，是通过马克思主义基本原理同中华优秀传统文化相结合，通过对中华优秀传统文化的创造性转化、创新性发展而实现的新飞跃，形成一种新的文化生命体和新的文明形态——中国式现代化的文化形态和中华民族现代文明，这体现了创新性。这种中国式现代化的文化形态、中华民族现代文明之所以能成为一种新的形态，就是因为它区别又高于西方那种以资本主导和殖民扩张为特征的文明，使中国式现代化的文化形态、中华民族现代文明朝着中华优秀传统文化所蕴含且符合时代潮流的和而不同、协和万邦、兼济天下、世界大同、讲信修睦、亲仁善邻的方向发展。显然，中国式现代化的文化形态、中华民族现代文明，注重从中华优秀传统文化中汲取思想资源和"根脉"支撑，中华优秀传统文化也为中国式现代化的文化形态、中华民族现代文明的创新发展指明了新的方向和思路，为中国式现代化的文化形态、中华民族现代文明的创新发展提供了广阔空间，还使我们掌握了建设中华民族现代文明这一新时代新的文化使命的主动性。

另一方面，与传统文化和现代文明相关的问题是，以往人们较多注重文化和文明之间的共通性，常把文化和文明等同或混同，主要有两种情况：一是回避使用"文明"概念，让文化承载太多意义，把本属于文明的让文化来承载；二是让"文明"概念承载太多意义，把文明当作一个筐，什么都往里面装。今天，厘清文明和文化的区别具有特别重要的意义。习近平总书记关于"第二个结合"的重要论述，揭示了中华优秀传统文化和中华民族现代文明之间的本质关系，注重中华优秀传统文化的中华民族现代文明指向。这样做的深意，就是把文化和文明相对区别开来，并把文化提升到文明的高度，注重文化积极的文明维度和文明指向（文化之善），这为厘清文明和文化的区别指明了方向。把文化和文明区别开来乃当务之急，既能深化对文化和文明问题的认识，也能推进文化和文明问题研究的创新突破，因而具有重要的学理价值和时代意义。

## 六、对中国式现代化与西方现代化关系认识的思想解放

"又一次的思想解放"，就是从中国式现代化与西方

现代化的歪曲对比中解放出来，从历史被动性中解放出来，强调面对实现中华民族伟大复兴战略全局和世界百年未有之大变局，中国式现代化既能掌握历史主动，又具有高于并优越于西方现代化的显著优势，能为人类实现现代化提供具有光明前景的新的选择，因而应确立中国式现代化的权威。这种思想解放主要体现在对现代化维度的中国和西方、被动和主动关系的认知方面。

过去，对中国式现代化与西方现代化的比较存在一些误解。一些人认为西强我弱，西方现代化优于中国式现代化，是进步的、走在时代前列的，甚至是唯一的，站在了人类实现现代化的制高点上，因而对西方现代化顶礼膜拜，奉为圭臬，强调中国必须走这样的道路。这就使中国被动地成为西方现代化理论的"跑马场"，致中国于"世界失我"的境地。

不可否认，在一定历史阶段西方现代化及其蕴含的西方文明对世界历史有积极推动作用。西方开启的现代化运动极大地推动了社会生产力的发展，使民族历史转变为世界历史，推进了人类文明发展，这是西方现代化、西方文明之善。马克思、恩格斯在《共产党宣言》中指出："资产阶级在它的不到一百年的阶级统治中所创造的

**文化何以重要**
与大众谈新的文化生命体与中华民族现代文明

生产力,比过去一切世代创造的全部生产力还要多,还要大。"[①] 然而在近代,中华民族长期在精神上处于被动,中国人的精神、思想和文化常常被置于"东方从属于西方"的总体框架中来理解。

自中国共产党成立以来,我国一改过去的历史被动为历史主动。尤其是中国特色社会主义进入新时代以来,我们在实现现代化问题上发生了根本转变。"第二个结合"昭示我们,要重新审视中国式现代化、西方现代化及二者各自的时代价值和世界意义。我们应当认识到,新中国成立特别是改革开放以来,我们找到了一条实现社会主义现代化、实现中华民族伟大复兴的正确道路,我们用几十年时间走完了西方发达国家几百年走过的工业化历程,创造了经济快速发展奇迹和社会长期稳定奇迹。基于此,也基于新时代使大国成为强国即实现强起来的内在需求,我们必须重新审视中国式现代化,认识到中国式现代化不是从西方现代化实践和理论中推演出来的,而是马克思主义基本原理同中国具体实际相结合、同中华优秀传统文化相结合的重大创新成果。中国式现代化所创造的人类文明新形

---

[①] 《马克思恩格斯文集》第2卷,人民出版社2009年版,第36页。

态，植根于中华优秀传统文化之中，体现了科学社会主义的先进本质，借鉴吸收了人类文明一切优秀成果，代表着人类文明进步和发展的方向，展现了不同于西方现代化的崭新图景。中国式现代化与西方现代化具有本质区别，打破了世界对西方现代化的迷思，使我们掌握了中国式现代化的主动性，能为人类实现现代化提供新的选择，从而出现了"世界有我"乃至"世界向我"的景象。

## 七、对中华民族现代文明与人类文明新形态关系认识的思想解放

这一问题与上述第六个问题相关，但也有明显区别。其相关是指二者都指向国内和国外的关系；其区别在于第六个问题侧重于谈论现代化维度的中国和西方的关系，而这一问题则侧重于谈论文明维度上的中国和世界关系。

在这里，"又一次的思想解放"，就是从对西方文化尤其是西方文明的过度崇拜、迷思中解放出来，从"西方中心论"的思想禁锢中解放出来，深刻认识到一旦把

西方文明提升为帝国文明，它就蕴含着野蛮的基因，无法开创出人类文明新形态，而中华优秀传统文化、中华民族现代文明却对创造人类文明新形态具有时代价值和世界意义，能开创出人类文明新形态。这一视角的思想解放主要体现在对文明维度上的中国和世界关系的理解方面。

过去，在对待西方文明问题上存在某种误读。一些人把"中国—世界"二分法作为一种分析框架，认为西方文明高于中华文明，代表着人类文明发展的方向，站在了世界历史和人类文明的制高点上，而中华文明是传统的，有许多糟粕，与人类文明无涉。应当清醒地看到，西方文明在进一步推进的进程中，借西方现代化的先发优势，提升为帝国文明，由此就蕴含着野蛮的基因，其手法是：把世界唯西化，把西方唯一化，把唯一统一化，把统一统治化，进而滋生出了"西方中心论"。"西方中心论"的实质，就是把进步转化为中心，把特殊说成普遍，把西方当成世界，把文化等同于文明，把西方文明提升为帝国文明，把西方文明看作单数文明。"西方中心论"的哲学根基是主客对立和主统治客。

因此，西方现代化及"西方中心论"内生不出人类文明，反而内生出反人类文明的野蛮基因。主客对立和主统治客的哲学范式蕴含的是帝国文明的文明观：任何国家、民族都应沿着西方所确定的同一道路前进，朝着西方确定的具有同一性的"至善至美"的理想目标迈进；那些具有文明优越感的所谓西方"高尚种族"，站在了人类文明发展的制高点上，不仅具有掌握解释世界如何运转、历史如何进步的话语权，而且应当让所谓野蛮、愚昧的非文明民族变得文明开化。这样的文明具有一元性、评判性、改变性和统治性，是单数一元文明，依据这种文明观，整个世界分为西方世界和非西方世界，西方世界是主，文明只属于西方；非西方世界是客，处于蒙昧、野蛮的状态，因而应客随主便、主统治客，如果客不随主便，不接受主的统治，一些西方国家就对客行使他们所谓的"文明开化使命"，对客进行围堵打压，甚至运用暴力、发动战争。

进一步来说，以主统治客的主客对立为哲学根基的西方文明，以两极分化、物质主义膨胀的单向度发展、掠夺自然资源和殖民主义扩张为本质特征：在社会财富分配上，把资本（资本家）看作主，把劳动（工人）看作客，奉行资本占有劳动并控制社会的资本逻辑，这种逻辑必然导致两极分化。西方文明在物质文明和精神文明关系上，坚持物质主义膨胀的单向度发展，因而便出现物欲横流、精神萎靡的社会现象，使物质文明和精神文明的发展出现不协调。在人与自然的关系上，西方文明把人看作改造和征服自然的主人（主），把自然看作人类征服和改造的对象（客），因而便无止境地向自然索取，甚至破坏自然。在世界各国之间的关系上，西方文明把西方国家看作主，把非西方国家看作客，因而西方一些国家走的是通过战争、殖民、掠夺等方式实现现代化的道路，这显然是西方文明之恶，不能产生人类文明和人类文明新形态。

哲学是文明活的灵魂。"第二个结合"使我们重新从哲学上理解和把握中华优秀传统文化、中华文明的世界意义，看到其所注重的天下为公、民为邦本、为政以德、任人唯贤、天人合一、厚德载物、讲信修睦、亲仁善邻，注重的修身、齐家、治国、平天下，注重的仁义礼智信、温良恭俭让，是一种化物为善、化人为善、与人为善、德行天下的文明，是以文化人（注重"化人"）的文明，是注重协和万邦、兼济天下、世界大同、人类进步的文明，是注重平等普惠的文明。中国式现代化正是在激活这种文化和文明的过程中创造出了中华民族现代文明。显然，这种中华优秀传统文化、中华民族现代文明因其哲学根基是注重人类平等普惠，符合人类文明发展的走向，所以能开创出人类文明新形态。

中国式现代化是人口规模巨大的现代化，是全体人民共同富裕的现代化，是物质文明和精神文明相协调的现代化，是人与自然和谐共生的现代化，是走和平发展道路的现代化。中国式现代化的哲学根基就是平等普惠。平等普惠，是相对于主统治客而言的，是指中国式现代化摒弃了主客对立、主统治客的哲学范式，不仅把人人都看作主体，具有主体性，而且强调人人都应当是平等的主体，主体之间是平等关系，具有平等性。中国式现代化还强调主体之间的普惠性，即共享发展、共同富裕、和谐共生、合作共赢。具体地说，全体人民共同富裕的现代化，意味着人人都是平等共创共享中国式现代化成果的主体，在创造和享受中国式现代化成果并实现共同富裕上具有主体性、平等性和普惠性，即平等富裕；物质文明和精神文明相协调的现代化，意味着物质文明和精神文明齐头并进、平等发展、相辅相成、相互成就，在发展理念和实践推进上具有主体性、平等性、互惠性，即发展平等；人与自然和谐共生的现代化，意味着人与自然在物质、信息、能量的交换上是平等主体，是平等关系、共生关系、和谐关系，不是人类掠夺、征服、战胜自然的关系，即共生平等；走和平发展道路的现代化，意味着世界各国不论强弱大小，在主权、规则和机会方面，都应当是平等的，都是平等享有国家主权的主体，是和平发展、合作共赢的关系，因而应平等相待，不应实施霸凌主义、霸权主义，即国家平等。这样看来，中国式现代化内生出的中华民族现代文明和人类文明新形态明显优于西方文明，为人类文明发展指明了新的方向，开辟了新的道路。这种文明，在历史时间上，是从工业文明走出来的生态文明；在历史空间上，是扬弃西方文明、建设中华民族现代文明基础上的和合普惠文明；在经济社会发展上，是超越物质主义膨胀的单向度发展的五大文明协调发展的全要素文明；在生产关系上，是区别并高于资本主义资本文明的社会主义人本文明和中国特色社会主义民本文明。

总之，"第二个结合是又一次的思想解放"是具有标识性的重大论断，与以往我们所强调的思想解放相比具有新的特点，即不是只强调从某一具体错误的思想观念中解放出来，而是在文化和文明这种更为总体、更为宏阔的大格局中的思想解放，是文化观、文明观意义上最基本、最持久的思想解放，进而是对中华优秀传统文化、中国式现代化的文化形态、中华民族现代文明的时代价值和世界意义进行重新评估。其实质，就是破除"西方中心论"和文化虚无主义的思想禁锢，确立中国式现代化、中华民族现代文明的权威。从上述七个视域出发探讨相关问题，并不是说"又一次的思想解放"具有七种含义，而是说在"又一次的思想解放"方面，这七个角度、七个方面构成一个有机整体，需要全面、完整、准确地理解和把握。

# 第三章 正确认识中华文明的突出特性

"第二个结合"中的一个核心元素,是中华优秀传统文化和中华文明。"中华优秀传统文化有很多重要元素""共同塑造出中华文明的突出特性。"[①]习近平总书记在文化传承发展座谈会上发表的重要讲话,指明了中华文明具有的五个突出特性。中华文明的五个突出特性,既是其鲜明特质,更是其显著优势。深刻认识中华文明的突出特性,有助于我们更好地认识和认同中华文明,更有效地承担起我们在新时代新的文化使命。

## 一、中华文明具有突出的连续性

在人类发展的历史长河中,许多原生或次生文明都已经中断或消逝在历史的长河中,唯有中华文明绵延至今,从未中断。同世界其他文明相比,中华文明具有突

---

[①] 习近平:《在文化传承发展座谈会上的讲话》,《求是》2023年第17期。

出的连续性特质。

中华文明之所以绵延不断，得益于特定的地理环境、稳定的社会结构、生生不息的规模化人口、长盛不衰的语言文字、代代相传的文化典籍、久久为功的民族特质、化人为善的文明本质。

第一，特定的地理环境形成了天然性屏障，使中华文明自成体系并免遭大规模外敌入侵造成文明覆灭。

第二，自然经济、大一统政治、宗法社会和礼教文化形成的超稳定结构使中华文明具有极强的稳定性和自我调适性，即便多灾多难，依然绵续不断。

第三，生生不息的规模化人口为中华文明的绵延传承、接续发展提供了源源不断的实践主体、承载主体。中华民族动辄千万级规模人口的持续性存在，是中华文明连续性发展的关键。

第四，语言文字的不断延续维护了中华文明的绵延赓续。两河流域的楔形文字、古埃及的象形文字等世界上公认的代表古老文明的文字体系伴随其文明一同消亡了，汉字是世界上唯一传承和使用至今的自源古典文字体系。汉字承载着中华文明，串起了中华文明的过去、现在和未来。

第五，由汉字书写的文化典籍代代相传，使中华文明不因王朝政权更迭而中断。中华民族具有悠久的史学传统，形成了浩如烟海的文化典籍。文化典籍跨越历史时空，传承文化传统，涵养了中华民族一贯的价值理念、思维方式和精神风貌。任凭王朝政权更迭，中华文明的道统代代传承。

第六，中华民族具有咬定目标、与时俱进、久久为功的特质，担当作为，接续奋斗，必然使中华文明绵延不断。

第七，化人为善的文明本质不可小觑。文明是在人和人关系框架中针对野蛮而讲的，它注重"化人"、德行天下、秩序建构。这样的文明范式具有道义性，有助于使中华文明绵延不断。

中华文明绵延传承至今从未中断，离开中华民族代代相承的5000多年文明史，就不可能真正理解中国。中华文明作为一种连续性文明，意味着中华民族是一个具有强大稳定性、统一性、独立性、自主性和应变性的民族，这从根本上决定了中华民族在继承中发展、在发展中继承，必然独立自主走自己的路。

## 二、中华文明具有突出的创新性

中华文明之所以能够绵延不绝，从根本上讲是因为中华文明具有突出的创新性。这使中华民族能够识变、应变、求变，战胜一切艰难险阻，屹立于世界民族之林。

中华文明具有突出的创新性，源于中华优秀传统文化中的变易思维、革新意识、进取精神和大无畏气概等民族性元素，这些都聚焦于与时俱进。"人更三圣，世历三古"的《周易》一书被誉为"群经之首""大道之源"，在中华传统文化中长期居于主流地位。"易"是上日下月，讲的是日月轮回、万物流变。变易思维深刻影响中国人的世界观和方法论。万物流变必然产生新老交替问题，如何对待新事物和旧事物，中华优秀传统文化守正而不守旧、尊古而不复古。革故鼎新、勇于创新是中华文明历经沧桑而依然葆有生机的根本所在。大化流行、以新代旧，"天行健，君子以自强不息"。刚健有为、自强不息是中华民族积极进取的民族精神。荀子讲："义之所在，不倾于权，不顾其利，举国而与之不为改视，重死、持义而不桡。"中华民族自古以来就有不惧艰辛、迎难而上、杀身成仁、舍生取义的人，他们挺起中华民族的脊梁，彰显中华民族坚持守正创新的大无畏气概。

中华文明在不断传承中吐故纳新，在守正创新中不断发展，在应时处变中不断升华。中华文明突出的创新性，从根本上决定了中华民族守正不守旧、尊古不复古的进取精神，决定了中华民族不惧新挑战、勇于接受新事物的无畏品格和与时俱进的创新精神。

## 三、中华文明具有突出的统一性

对比世界诸文明，中华文明是世界上统一时间最长的文明。同时，这种统一不是小国寡民式的统一，而是以广袤地域、超大规模人口、多元民族和多样性文化为基础的大一统。

首先，中华文化多样一体。中华民族栖息地环境和气候的多样性，催生了许多地域性文化。例如，东临沧海的齐鲁文化、四塞之地的三秦文化、天地之中的中原文化以及长江流域的巴蜀文化、荆楚文化、吴越文化等，尽管风土人情不同，但在价值取向、思维方式和社会心理等方面具有高度一致性。以汉字为纽带，以中原文化为中心，多样性地域文化向中心靠拢，中华文明的形成和发展呈现出"重瓣花朵"向心结构。

其次，中华民族多元一体。在漫长的历史发展中，我国各民族交往交流交融，形成了多元一体的中华民族大家庭。各民族水乳交融、休戚与共，像石榴籽一样紧紧抱在一起，共同抵御外辱、捍卫领土完整与国家利益。

最后，国家政权长期大一统。秦朝一统天下后，郡县制在全国推广。与西方领主自治不同，郡县制把国家利益、地方利益和个人利益结合在一起，再加上车同轨、书同文、行同伦，这样，疆土完整、国家强盛、民族团结、文明传承就成为中华儿女的共同信念。

长期大一统的疆域、政治、文化和民族历史赋予了中华文明大一统的情怀和理念。中华文明具有突出的统一性，从根本上决定了中华民族各民族文化融为一体，即使遭遇重大挫折也牢固凝聚，它决定了国土不可分、国家不可乱、民族不可散、文明不可断的共同信念，决定了国家统一永远是中国的核心利益，决定了一个坚强统一的国家是各族人民的命运所系。

## 四、中华文明具有突出的包容性

中华文明是在相对封闭的地理环境中自成体系地生成的，具有突出的统一性，但这并不意味着中华文明是一元排他、自我封闭的孤立体系。相反，同世界诸多文明相比，中华文明具有突出的包容性。

得益于中华民族生生不息的广袤地理空间。多样性地域文化的五方杂糅赋予中华文明突出的包容性基因。漫长的民族大融合历史丰富了民族交往交流交融的经验，深化了我们对民族交往交流交融历史取向的认识，强化了民族交往交流交融的感情，培养了民族交往交流交融的能力，涵养了中华文明的包容性力量。

西汉时儒家思想已成为正统和主流，东汉时本土道教兴起，然而印度佛教却能够在两汉之际进入中国社会，到南北朝时期已经是"梁世合寺二千八百四十六，而都下乃有七百余寺"。从伊斯兰教进入中国，再到基督教进入中国，而今文庙、道观、佛寺、清真寺、基督教堂可以比肩而立。对比其他文明，中国没有宗教裁判所，也没有出现十字军式的"圣战"，本土文化与外来文化、本土宗教与外来宗教和谐并存,体现出中华文明兼收并蓄的开放胸怀。今天,我们强调不忘本来、吸收外来、面向未来,强调中国化,强调普惠包容,都表明了中华文明的包容性。

中华文明海纳百川、博采众长,不仅对本民族文化元素具有包容性,而且能够包容异质文明。中华文明突出的包容性,从根本上决定了中华民族交往交流交融的历史取向,决定了中国各宗教信仰多元并存的和谐格局,决定了中华文化对世界文明兼收并蓄的开放胸怀。

## 五、中华文明具有突出的和平性

中华文明具有强大的包容性,因而体现出不偏激、不极端的平和性,体现出为而不争、利而不害的和平性。

中华文明尚和合,"和"是中国社会一种普遍化的社会心理。哲学思想主张和实生物、和合共生,生意场上讲和气生财,日常生活中讲家和万事兴,人际关系上强调和为贵,中医学上讲调和阴阳,天人关系上主张天人合一,在世界上强调协和万邦、兼济天下、美美与共等。这体现了中国人不偏激、不极端，平和做人、平和处世之道。中华民族爱好和平，尧、舜、禹时代权力的和平禅让被后世尊为理想政治的典范。邦国交往中尚礼乐"以和邦国"，主张"故远人不服，则修文德以来之"，反对恃强凌弱和暴力胁迫。为而不争、利而不害的爱好和平思想始终占据着主流位置。诚如习近平总书记所讲说的，"中华民族历来是一个爱好和平的民族……爱好和平的思想深深嵌入了中华民族的精神世界"[1]，强调和平发展、合作共赢，构建人类命运共同体。

和平发展思想是中华文化的内在基因，决定了中国始终是世界和平的建设者、全球发展的贡献者、国际秩序的维护者。中国不断追求文明交流互鉴而不搞文化霸权，不会把自己的价值观念与政治体制强加于人。中国坚持合作、不搞对抗，决不搞"党同伐异"的小圈子。世界正处于百年未有之大变局，人类文明处在新的十字路口，中华文明作为人类唯一古老而又连续的文明，具有鲜明的显著优势，能为建设美好世界提供更多更好的中国智慧和中国方案。

---

[1] 习近平：《在纪念孔子诞辰2565周年国际学术研讨会暨国际儒学联合会第五届会员大会开幕会上的讲话》，人民出版社2014年版，第3页。

# 第四章 全面深入理解新的文化生命体及其重大意义

2023年6月2日，习近平总书记在文化传承发展座谈会上提出一个十分重要的具有标识性的核心概念——新的文化生命体。习近平总书记指出："在五千多年中华文明深厚基础上开辟和发展中国特色社会主义，把马克思主义基本原理同中国具体实际、同中华优秀传统文化相结合是必由之路。""'结合'的结果是互相成就……造就了一个有机统一的新的文化生命体……让马克思主义成为中国的，中华优秀传统文化成为现代的，让经由'结合'而形成的新文化成为中国式现代化的文化形态。"①

"新的文化生命体"，是习近平文化思想中最具标识性、根本性、全局性、战略性和总体性的核心范畴，它建立在"第二个结合"基础之上，立足于新时代新征程的中国具体实际，契合了推进马克思主义中国化时代化

---

① 习近平：《在文化传承发展座谈会上的讲话》，《求是》2023年第17期。

与理论创新的需要，具有丰富的理论内涵。这一概念的提出，对我们更好把握新时代新的文化使命并巩固文化主体性，具有重大意义。

提出"新的文化生命体"具有重大意义。从中国共产党的百年奋斗历程可以看出，马克思主义基本原理同中国具体实际相结合，在不同历史时期具有不同内涵，它有一个不断演进的历史过程。中国特色社会主义进入新时代，追求强国建设、民族复兴，追求和平发展、合作共赢，丰富人民精神世界、增强人民精神力量，内在地要求充分彰显中华优秀传统文化的时代价值和世界意义，也内在地要求拓展出"第二个结合"。把马克思主义基本原理同中华优秀传统文化相结合，旨在从对中华优秀传统文化片面的、肤浅的、僵化的理解中解放出来，从"西方中心论"的思想禁锢中解放出来，促进根和魂相结合，确立新的文化观和文明观，造就一个有机统一的新的文化生命体。新的文化生命体的基石，是中国式现代化的文化形态和中华民族现代文明。这对于巩固中华民族文化主体性和破解"西方中心论"，具有重要的学理价值和现实意义。

文化何以重要
与大众谈新的文化生命体与中华民族现代文明

# 一、逻辑起点：新时代的中国具体实际把中华优秀传统文化的时代价值彰显出来

在新民主主义革命时期，中国具体实际的内涵从"破"的角度来讲，是推翻"三座大山"，从"立"的角度来讲，是为实现民族独立和人民解放确定一条正确的道路。此时期的中国具体实际使革命话语占主导，革命话语彰显的是关于阶级斗争和无产阶级革命的学说，这就把马克思主义的历史意义和时代价值彰显出来了。毛泽东曾经说过，他那时读得较多的是关于阶级斗争及《共产党宣言》方面的书。

在社会主义革命和建设时期，中国具体实际的内涵发生了变化。一是1953年提出并进行的社会主义改造，主要在经济领域去除资本主义因素，强调社会主义因素；二是1956年正式确立社会主义基本制度后，集中探寻农民人口占绝大多数的落后国家建设社会主义的道路。从这个角度看，在这个历史时期无论是革命还是建设，主导话语是"社会主义"，于是，马克思主义关于社会主义和共产主义的学说被着重强调，并未充分且鲜明地凸

显中华优秀传统文化的历史意义和时代价值。

改革开放和社会主义现代化建设新时期，中国具体实际的内涵，一是要大力推进社会主义现代化建设；二是要解放和发展社会生产力，使中国人民富起来。其中，社会主义现代化、解放和发展社会生产力方面的话语占主导。这就内在要求彰显马克思、恩格斯著述中关于现代化方面的思想资源和唯物史观关于生产力方面的思想资源，甚至对西方现代化的理论也予以强调。就是说，这一历史时期主要强调的仍是马克思主义。

可以说，这三个历史时期主要将马克思主义的时代价值充分且鲜明地彰显出来，与这三个历史时期中国具体实际的内涵有直接关系。当然，我们不能由此得出结论说，这三个历史时期不注重中华优秀传统文化。

中国特色社会主义进入新时代，中国具体实际的内涵发生了很大变化：一是就国内而言，注重推进强国建设、民族复兴；二是就世界而言，积极推动和平发展，合作共赢；三是介于二者之间的丰富人民精神世界、增强人民精神力量。改革开放以来，中国物质文明建设的成果相对丰富，尽管精神文明建设也取得了一些重要成果，但是也存在物欲横流、精神懈怠等问题。新时代的中国具体实际，必然要求把中华优秀传统文化及其时代价值和世界意义从中国具体实际中相对独立并明确彰显出来。

文化关乎国本、关乎国运。文化强则国家强，文化兴则民族兴。文化力量是最持久的、最基础的、最广泛的、最深层的力量。强国建设、民族复兴，内在要求充分且鲜明彰显中华优秀传统文化的时代价值。积极推进和平发展、合作共赢，中华优秀传统文化强调和而不同、协和万邦、兼济天下、世界大同，因而具有丰富的相关思想资源，用费孝通的话来讲，它强调各美其美，美美与共，这有助于支撑和平发展、合作共赢。丰富人民精神世界、增强人民精神力量，其实质就是要构建新时代中国人内在精神世界的秩序，而中华优秀传统文化中所强调的仁义礼智信、温良恭俭让及修身、齐家、治国、平天下等，可以为重构中国人内在精神世界的秩序提供大量思想资源。这就回答了为什么我们以前没有明确提出"第二个结合"，而现在明确提出了"第二个结合"，也回答了为什么以前彰显且现在依然彰显马克思主义的历史意义和时代价值，而对中华优秀传统文化相对关切不够的深层问题。所以，充分且鲜明彰显中华优秀传统文化的时代价值和世界意义，从"第一个结合"中拓展出"第二个结合",既具有历史必然性,也符合时代发展要求。

## 二、内在逻辑:新的文化生命体标识性概念出场的时代逻辑

在全国宣传思想文化工作会议上,习近平总书记提出,要肩负起"在新的历史起点上继续推动文化繁荣、建设文化强国、建设中华民族现代文明这一新的文化使命"[1]。新的文化生命体,是推动实现这一新的文化使命的重要途径和力量,它的提出是历史和时代发展的必然要求。

### (一)新的文化生命体建立在强国建设、民族复兴的具体实际上

在中华民族漫长的发展历程中,强国建设、民族复兴一直是推动中华民族进步的核心动力,这不仅是中国

---

[1] 《习近平对宣传思想文化工作作出重要指示强调 坚定文化自信秉持开放包容坚持守正创新 为全面建设社会主义现代化国家 全面推进中华民族伟大复兴提供坚强思想保证强大精神力量有利文化条件》,《人民日报》2023年10月9日。

**文化何以重要**
与大众谈新的文化生命体与中华民族现代文明

繁荣的基石，更是中华民族追求进步和发展的坚定信念。近代以来，中国经历了无数的战争和动荡，然而正是这些历史的磨难，激发了中华民族更加坚定地追求强国建设和民族复兴的信念。新中国成立后，中国开始走上了一条全新的社会主义道路。我们进一步坚定不移地推进改革开放和社会主义现代化建设，加强科技创新，提高国家综合实力。通过不懈的努力，中国成为世界第二大经济体，迎来了从贫穷落后到繁荣富强的历史性飞跃。中国特色社会主义进入新时代，强国建设是我们的共同梦想，民族复兴是我们肩负的历史使命，今天我们比历史上任何时期都更接近中华民族伟大复兴的目标。"新的文化生命体"不是抽象的概念，而是紧密联系着国家发展和民族命运的现实需求，表达了全面建成社会主义现代化强国、实现中华民族伟大复兴的时代诉求。中国共产党作为中国人民和中华民族的先锋队历来重视文化建设，并将文化建设的意义提高到实现中华民族伟大复兴中国梦的战略高度。自党的十七届六中全会明确提出社会主义文化强国的重大课题后，建设社会主义文化强国就成为我们的重要战略目标，被纳入实现中华民族伟大复兴的强国战略体系中，成为我们建设社会主义现代化强国的基本内容。

在当今世界，文化、文化力量作为一个国家的软实力越来越受到人们的关注。新的文化生命体作为一种新的文化形态，强调文化的开放性、包容性和创新性，鼓励我们立足中华优秀传统文化，积极借鉴和吸收人类文明一切有益成果，以实现文化的创新与发展，以此促进经济、政治、教育等各个领域的进步，进而提高国家的综合实力和国际竞争力。作为国家发展战略的重要组成部分，强国建设和民族复兴，需要新的文化生命体为其提供坚实的文化根基，以适应新时代的发展要求，为国家的繁荣富强和民族的未来作出贡献。

## （二）新的文化生命体建立在和平发展、合作共赢的具体实际上

强国建设、民族复兴的国际外延，是和平发展、合作共赢。新的文化生命体，是建立在和平发展、合作共赢的具体实际之上的人类文明新样态。新的文化生命体汲取了中华优秀传统文化中丰富的思想资源。其中，协和万邦体现了中华优秀传统文化中对于和谐共处的重视，倡导以和为贵，强调各国之间的和谐共处；兼济天下体

**文化何以重要**
与大众谈新的文化生命体与中华民族现代文明

现了中华优秀传统文化中对于社会责任的担当，注重修身、齐家、治国、平天下，强调个人对于社会的责任与担当；世界大同体现了中华优秀传统文化中对于人类命运共同体的追求，中华文明倡导天下一家，强调世界各国之间的平等与和谐；亲仁善邻体现了中华优秀传统文化中对于友好邻邦的重视，主张与周边国家建立友好关系，倡导以邻为伴，强调与邻国之间的友好相处。在全球化日益深入的今天，各国之间的联系和依存程度越来越高，和平与发展是时代的主旋律，国际的交流与合作变得越来越频繁，各种文化、思想、技术、资本等要素在全球范围内流动，形成了你中有我、我中有你的新格局。各国都在致力于经济发展和社会进步，以实现长期的和平与稳定。同时，随着全球化的不断深入，各国之间的文化交流也越来越频繁，各种文化之间的碰撞与融合已经成为一种新的文化现象，尊重文化差异、弘扬和平合作共赢的理念、加强文化交流与互鉴，成为越来越多国家的共识。新的文化生命体所蕴含的协和万邦、兼济天下、世界大同、亲仁善邻等思想资源，为推进和平发展、合作共赢提供了坚实的文化根基与支撑，这种文化根基与支撑不仅是我们共同的价值观，更是我们走向未来的方向指引。

新的文化生命体，源于我们对和平发展、合作共赢的渴望和追求。它是一种新的理念、一种新的精神、一种新的文化，是对人类文明的又一次伟大贡献。新的文化生命体将是和平的守护者，它以其独特的力量和智慧致力于维护世界和平，为全球发展创造一个稳定的环境；新的文化生命体将是发展的推动者，推动全球持续、健康、稳定发展；新的文化生命体将是合作的倡导者，推动国际交流与合作，促进全球治理完善与提升；新的文化生命体将是共赢的实践者，通过积极探索和实践共赢的路径，引领我们走向一个更加美好的未来。

## （三）新的文化生命体建立在丰富人民精神世界、增强人民精神力量的具体实际上

在改革开放历史进程中，我们始终强调物质文明和精神文明协调发展，这种发展理念要求我们不仅要关注经济上的物质进步，还要注重人的全面发展、精神生活共同富裕和文化传承发展。在新时代，如何丰富人民精神世界、增强人民精神力量，以及实现全体人民精神生活共同富裕，已成为我们亟待解决的重大问题。文化是

**文化何以重要**
与大众谈新的文化生命体与中华民族现代文明

人类精神世界的表达，新的文化生命体是一种赋予文化以生命力的新型文化形态，它以创新、多元、开放的文化形态，为人们提供了更为广阔的文化视野，激发人们的创造力和创新精神；同时，它以传承历史、引领未来的文化担当，构建起具有中国特色的社会主义文化体系，以此为国家发展提供更为坚实的文化基础，成为实现中华民族伟大复兴的强大精神动力。

强国建设、民族复兴，丰富人民精神世界、增强人民精神力量，内在要求彰显中华优秀传统文化的时代价值。强国建设、民族复兴，丰富人民精神世界、增强人民精神力量，包括文化强国和文化复兴。强调文化强国、文化复兴，就必须坚定文化自信，拥有文化主体性，使中华优秀传统文化通过创造性转化、创新性发展而强起来，进而满足中国式现代化与强国建设、民族复兴及丰富人民精神世界、增强人民精神力量的迫切需要。和平发展、合作共赢也内在要求彰显中华优秀传统文化的世界意义，因为它具有丰富的协和万邦、兼济天下、世界大同、和而不同的思想资源，可以为和平发展、合作共赢提供文化支撑和理论论证。中华优秀传统文化指向构建中国人民精神世界的秩序，仁义礼智信、温良恭俭让

## 第四章　全面深入理解新的文化生命体及其重大意义

及修身、齐家、治国、平天下等伦理原则，实现了从个体到天下、从微观到宏观、从中国到世界层面的秩序构建。我们需要借助中华优秀传统文化的思想资源，积极构建我们中国人的精神世界，彰显中华优秀传统文化的时代价值和世界意义。

马克思主义进入中国，以真理之光激活了中华文明的基因。激活的途径，就是把马克思主义基本原理同中国具体实际相结合、同中华优秀传统文化相结合。其中，马克思主义基本原理同中华优秀传统文化相结合是一个双向互动的过程。一方面，马克思主义以其真理性和科学性，为中华优秀传统文化的传承发展提供了新的视角和思路。另一方面，中华优秀传统文化以其深厚的历史底蕴和独特的思想内涵，丰富了马克思主义的理论宝库。我们党用马克思主义激活中华优秀传统文化中富有生命力的优秀因子并赋予其新的时代内涵，将中华民族的伟大精神和丰富智慧更深层次地注入马克思主义，把马克思主义思想精髓同中华优秀传统文化精华贯通起来，产生了深刻的"化学反应"，塑造了新的文化生命体。这一过程不仅推动了中国的革命、建设和改革事业，也打开了中华文明的创新空间，巩固了中国文化主体性。

## 三、核心要素：新的文化生命体的丰富内涵

历史与实践证明，人类文明的每一次进步都伴随着文化的历史性发展，而文化的历史传承和创新发展又为新文明的诞生提供了催生剂。马克思主义基本原理同中华优秀传统文化相结合的根本目的，是推进马克思主义中国化时代化，新的文化生命体植根于马克思主义基本原理同中华优秀传统文化相结合的土壤，是一种正在生成的具有生命力的文化形态，具有丰富内涵。

### （一）"新"是相对于原来而言的"新"，新的文化生命体是马克思主义基本原理同中华优秀传统文化相结合的产物

新的文化生命体并非凭空产生，具有中华优秀传统文化的历史厚重感和马克思主义的思想活力，是马克思主义基本原理同中华优秀传统文化相结合的产物。尽管马克思主义基本原理与中华优秀传统文化在历史方位、所解问题、理论来源、根本立场、思想方法、核心内容和价值导向上并非完全一致，但它们之间却有着高度的

契合性。首先，它们都关注社会公正和人民福祉。马克思主义追求的是人类解放与社会公平正义，而中华优秀传统文化则强调"民为邦本，本固邦宁"，强调以民为本、为政以德。其次，它们都重视实践与知行合一。马克思主义强调理论和实践相结合，而中华优秀传统文化则强调学以致用、知行合一。最后，它们都注重人的全面发展与自由。马克思主义追求的是人的自由而全面发展，而中华优秀传统文化则强调天人合一、崇尚自然，追求人与自然的和谐统一。新的文化生命体的生成和造就过程，就是在这种结合中不断影响、碰撞、塑造的整体性、历史性过程。这种结合不是"拼盘"，不是简单的"物理反应"，而是深刻的"化学反应"，马克思主义和中华优秀传统文化是水乳交融的，这种融合不仅是理论水平上的统一，更是在实践中产生了具体的文化表达，为文化创新注入了新的活力。我们既可以从中领悟到马克思主义的真理力量，也可以从中体悟到中华优秀传统文化的精髓要义。

## （二）新的文化生命体是一种文化形态，具有与经济形态、政治形态、社会形态、生态形态相区别的边界性

新的文化生命体具有鲜明的独特性，它不仅仅是一种文化表现形式，更是一种文化精神和文化价值的体现。它鼓励不同文化之间的交流和融合，通过探索和创造新的文化形式和表达方式，以适应新时代的实践变化和社会需求。同时，新的文化生命体还具有深刻的反思性，它注重对人类文明与文化的反思，通过对历史和现实的思考和分析，探索人类文明的未来发展方向和路径，主张在不同文化体系之间形成一种相互补充且共生的关系，进而创造人类文明新形态。

新的文化生命体是一种新兴的、独特的、具有活力的文化形态，它代表了当代社会文化发展的新趋势，以及人们对文化传承和创新的探索。它以开放包容的态度拥抱各种文化形式和表达方式，通过创新的方式将不同的文化元素融合在一起，形成一种全新的文化形态。这种文化形态充满活力和创新性，能够激发人们的创造力和想象力，推动人类文明的发展和进步。在当今全球化

时代，新的文化生命体不仅为人们提供了更多的文化选择和体验，也为人们提供了更多的思考和反思的机会。通过探索和创造新的文化形式和表达方式，新的文化生命体为人类文明的发展注入了新的活力和动力。

## （三）新的文化生命体具有生命特征，这一生命体在吐故纳新中释放出鲜活生命力和生长活力

新的文化生命体如同一个不断成长的生命之树，扎根于中华优秀传统文化的肥沃土壤，汲取着马克思主义的思想营养，吸收着人类文明一切有益成果，如刚刚出生的婴儿一样，展现出勃勃生机和旺盛活力。在其生长过程中，它不断探索和拓展马克思主义基本原理同中华优秀传统文化相结合的逻辑进路和空间，这是其独特性形成的关键所在。对于这一生命体来说，它的成长，不仅仅是对各种合理的文化元素的吸收和融合，更是一种创新和发展。它能够持续不断地为国家、社会注入新的文化动力，推动文化的创新和发展，开辟马克思主义中国化时代化新境界。这种创新和发展，不仅仅体现在它对各种文化元素的合理吸收和融合上，更体现在它对文化的整体性、协同性、系统性和开放性的彰显上。概言

之，新的文化生命体是一个充满生机和活力的有机体，它不断吸收着各种优秀的文化资源和文明元素，更新着自己的内容和形式。

新的文化生命体具有重大作用。它以深厚的文化底蕴和独特的文化魅力，为世界文化的多样性作出了积极贡献。同时，它以其独特的文化体系及生命力，向世界展示了中华优秀传统文化的魅力和价值，为世界文化的交流和发展提供了新的思路和方向。在新的时代背景下，新的文化生命体将继续推动马克思主义中国化时代化进程，为中国式现代化建设和世界文化的交流发展提供强大的精神动力和文化支撑。新的文化生命体也将不断彰显中华优秀传统文化的时代价值和世界意义，为全人类的文化交流搭建起重要的桥梁。

## （四）新的文化生命体是有机统一的系统整体

文化乃至文明的生成是一个漫长而复杂的历史过程，是多种因素综合作用的结果。新的文化生命体不是零散的碎片，而是一个有机统一的系统整体。这一系统整体有两层含义：一是具有本体论意义的"体"，二是具有系统论意义的"整体"。这一"体"和"整体"的核心要素及其结构，由"两脉""两基"和"一主"构成。

首先是"两脉"。即马克思主义的"魂脉"和中华优秀传统文化的"根脉"。新的文化生命体，以马克思主义为"魂"，它为新的文化生命体提供了科学的世界观和方法论，指引着其发展方向；以中华优秀传统文化为"根"，它为新的文化生命体注入深厚的文化底蕴，提供了丰富的文化资源和思想营养。

其次是"两基"。即以中国式现代化的文化形态和中华民族现代文明为基础，它们为新的文化生命体提供了现实基础、文化支撑和文明根基，推动着新的文化生命体不断创新和发展。马克思主义的"魂脉"和中华优秀传统文化相结合，从而使中华优秀传统文化成为现代的，形成了中国式现代化的文化形态，也促进了中华文明的发展，形成了中华民族现代文明。在中国式现代化的文化形态和中华民族现代文明中，合理吸收了人类文明一切优秀成果。

最后是"一主"。即习近平文化思想。习近平文化思想，既是马克思主义同中华优秀传统文化相结合的理论创新成果，也建立在中国式现代化的文化形态和中华民族现代文明的基础之上。

新的文化生命体在系统整体中相互融合的过程，既是一个不断探索的过程，也是一个不断积累的过程，还是一个不断创新和发展的过程。在这个过程中，各种要素相互作用、相互影响，形成了丰富多彩的文化景观。

## （五）新的文化生命体是具有"芯"的文化生命体

习近平文化思想的"芯片"就是新的文化生命体，具体来说就是中国式现代化的文化形态和中华民族现代文明。习近平总书记指出："文化关乎国本、国运。这段时间，我一直在思考推进中国特色社会主义文化建设、建设中华民族现代文明这个重大问题。"[①]

中国式现代化的文化形态，扬弃了中华传统文化的伦理型文化，超越了近代西方以资本为主导的竞争型文化，坚持的是社会主义人本文化、中国特色社会主义民本文化。

中华民族现代文明，是中华文明的新形态，它使传统转换和发展为现代；是人类文明新形态，它使民族的成为人类的。具体阐释如下：

---

① 习近平：《在文化传承发展座谈会上的讲话》，《求是》2023年第17期。

## 第四章　全面深入理解新的文化生命体及其重大意义

第一，它是主主平等文明。它以主主平等作为哲学根基，即人人都是平等的主体，人人都能得到自由发展、平等发展、和谐发展、全面发展，这不仅体现了对人类的尊重和推崇，更体现了对个体价值和权利的肯定。这一理念与近代西方资本文明的主客对立、客随主便、主统治客的哲学理念、哲学根基不同。在西方资本文明中，人类往往将自身视为世界的中心，可以掌控和利用自然，自然则被视为一种外在的存在，一种与人类对立并受人类支配的客体，从而形成了二元对立的思维模式。中华民族现代文明以主主平等作为哲学根基，努力构建一种主主平等文明，以应对全球和平赤字、安全赤字、发展赤字、治理赤字所带来的叠加风险。这种文明形态的构建，不仅体现了中华民族的文明追求，也是对当今世界各种问题的回应和解决之道的探索。

第二，它是全要素文明。即注重物质文明、政治文明、精神文明、社会文明、生态文明协调发展，区别并超越西方那种物质主义膨胀的单向度文明。

第三，它是和合普惠文明。强调和平发展、合作共赢、包容普惠，区别并超越西方那种以掠夺、殖民为特征的文明。

第四,它是社会主义人本文明和中国特色社会主义民本文明,区别并超越西方的资本文明。

# 四、明体达用:新的文化生命体的实践之用和理论之用

要坚持明体达用、体用贯通。这里的"体",主要指新的文化生命体(中国式现代化的文化形态、中华民族现代文明)与习近平文化思想。这里的"用",主要包括实践之用和理论之用。

## (一)新的文化生命体的实践之用

### 1. 为强国建设、民族复兴提供了文化支撑

在强国建设、民族复兴新征程中,文化繁荣兴盛始终是强大的支撑力。习近平总书记强调:"没有中华文化繁荣兴盛,就没有中华民族伟大复兴。"[1] 这一论断深刻揭示了文化在强国建设、民族复兴中的重要地位。新的文化生命体以其独特的形态和内涵为强国建设、民族复兴

---

[1] 习近平:《在文艺工作座谈会上的讲话》,人民出版社2015年版,第5页。

奠定了深厚的文化根基。

首先，新的文化生命体在实现中华民族伟大复兴的历史进程中，增强了我们的历史自信和历史主动。一个民族的复兴，不仅仅是经济的崛起，更是文化的创新和精神的提升。在新时代新征程中，我们能以更加开放和自信的姿态对待中华优秀传统文化，同时积极吸收和借鉴人类文明一切有益成果，形成了具有时代特征和民族特色的新文化体系。这种新文化体系是对中华优秀传统文化的继承和发展、开拓和创新。

其次，新的文化生命体在夯实国家统一、民族团结的精神根基上发挥了重要作用。文化是一个国家和民族的灵魂，它承载着一个民族的历史、传统和价值观念。在新时代新征程中，我们通过新的文化生命体的形式，将中华优秀传统文化与现代文化、本土文化与外来文化有机地结合起来，形成了多元一体的文化格局。这种文化格局不仅为我们提供了强大的精神支撑，也为我们进一步推动民族团结和国家统一奠定了坚实基础。

最后，新的文化生命体还在提升国家形象和增强国家软实力方面发挥了重要作用。一个国家的强大不仅体现在经济实力、科技实力和军事实力上，更体现在其文化影响力和国际竞争力上。新的文化生命体的提出，向世界展现出中国更为自信和独特的国家形象，不仅为进一步推动中华优秀传统文化的海外传播提供了强大支撑，也为我们在国际舞台上赢得更多的尊重和认可提供了坚实基础。

**2. 为和平发展、合作共赢提供了文化供给**

当前，和平发展、合作共赢已成为世界发展趋势和全球共同呼声。为满足这一时代需求，我们不仅要在物质层面提供丰富的供给，更要在文化层面提供充足的供给，这种文化供给正是新的文化生命体所致力于提供的。新的文化生命体是在马克思主义基本原理同中华优秀传统文化相结合的前提下孕育的，是在中国式现代化的文化形态和中华民族现代文明的基础上产生的。这一生命体，既蕴含了中华文明的突出特性，又具有新时代的精神气质，它以和平性为时代发展的特征，崇尚和平、和睦、和谐，对域外文明始终保持开放态度。同时，它不仅致力于发展自己，更在其发展过程中为世界带来新的发展机遇，提供新的发展平台，进而促进人类文明共同繁荣进步。新的文化生命体所蕴含的和平性及合作共赢的精神理念，是当今世界最鲜明的价值取向之一。这种价值取向源于人类对和平、合作、发展的普遍追求，也反映了当今世界的文化发展趋势。通过倡导和平以及合作共赢的价值理念，新的文化生命体为构建和谐世界提供了有力的文化根基，这种文化根基鼓励人们摒弃偏见和敌视，以包容、合作的态度对待不同的文化和民族，从而促进不同文化、民族之间的交流和理解，为新型的、和谐的国际关系建设注入了新的动力和活力。

### 3. 有助于丰富人民精神世界、增强人民精神力量

丰富人民精神世界、增强人民精神力量，是新的文化生命体在实践中所展现出的重要作用和价值。作为世界上唯一绵延不断且以国家形态发展至今的伟大文明，中华文明在革故鼎新的过程中造就了属于中华民族特有的伟大精神和丰富智慧，人们通过感受中华民族现代文明的深厚底蕴和独特魅力，增强了对中华文明的认同感和自信心。新的文化生命体以独特的方式凝聚人心，让人们在其中找到了共鸣和认同，形成了团结奋斗的文化共同体。这种新的文化生命体不仅为人们提供了精神寄托，还激发了人们共同追求美好生活的热情。

一方面，它激发了人们的创造力和创新精神，鼓励人们在日常生活中更加积极向上、奋发向前。这种积极

向上的文化支持，使得人们在日常生活中更有自信、归属感。

另一方面，它促进了人们团结奋斗。在追求美好生活的过程中，人们不再是被动的接受者，而是主动的参与者，他们共同为实现自己的梦想而努力奋斗。这种新的文化生命体对社会发展也具有重要意义，它为人们提供了一种新的生活方式和文化价值观，让人们能够在其中找到自己的归属感和幸福感，成为生活中不可或缺的一部分，增添了色彩和活力。

## （二）新的文化生命体的理论之用

### 1. 有助于破除对西方现代化的迷思和解构"西方中心论"

"西方中心论"是伴随近代西方现代化、工业化、全球化与殖民扩张而提出的概念，它是由线性道路、单数文明、种族优越、为我人性、社会进化、"普世价值"、理性尺度、开化使命、美丽神话和形而上学等核心要素构成的具有意识形态性质和功能的理论体系。它歌颂西方文明，贬损民族文化，强调个人主义，推崇社会竞争、"普世价值"，否认革命精神，推崇娱乐至上，否认价值追求，倡导唯一哲学，表现为"去民族化""去历史化""去思想化""去主流化"等多重面相。新的文化生命体强调道路多样、文明互鉴、中华文明突出特性、为他人性、社会治理、全人类共同价值、人民至上、全球治理和普惠哲学等。它承认和尊重不同文化传统和文明的多样存在，动摇西方文化在全球范围内的主导地位；鼓励跨文化对话和相互学习，超越西方与非西方之间的二元对立哲学范式，促进不同文化之间的平等对话和相互理解。新的文化生命体使我们树立了高度的文化自信，在国际文化交流中，这种自信不仅有助于保持国家、民族的独立性，破除对西方现代化的迷思和解构"西方中心论"，更为世界文化、文明的多元化发展贡献了独特的中国理念、中国智慧和中国方案。

**2. 有助于破除对中华传统文化的文化复古主义和文化虚无主义的思想禁锢**

文化复古主义认为中华传统文化可以解决当今中国问题，文化虚无主义认为中华传统文化都是糟粕，是实现现代化的阻力和障碍。新的文化生命体既从中华传统文化中析离出中华优秀传统文化，强调中华优秀传统文化是"根脉"，又强调要对中华优秀传统文化实行创造性转化和创新性发展,并与马克思主义基本原理相结合。因而,它既反对文化复古主义,又反对文化虚无主义。

**3. 有助于构建中国式现代化的文化形态、建设中华民族现代文明,进而建构中国式现代化理论**

中国式现代化理论注重中国式,这种中国式源于中华优秀传统文化,进而源于中国式现代化的文化形态;中国式现代化理论也注重现代化的文明向度即文明成果,就是中华民族现代文明。新的文化生命体立足中国式现代化伟大实践,它以中国式现代化的文化形态和中华民族现代文明为基石,由内而外地建构起了中国式现代化理论的内核。换言之,中国式现代化的文化形态和中华民族现代文明既是新的文化生命体的"思想芯片",也是中国式现代化理论的"思想芯片"。

党的十八大以来,习近平总书记把中华文化传承发展与强国建设、民族复兴联结起来,将中华优秀传统文化精华融入中国式现代化伟大实践中,铸就了中国式现代化的文化形态。这种文化形态将天下为公、民为邦本的人文思想贯彻在人口规模巨大的现代化实践中;用"国之称富者,在乎丰民"的治理理念传递全体人民共同富裕的不懈追求;以主主平等的哲学思维统筹谋划物质文明和精神文明相协调的发展方向；在天人合一理念的指引下寻求人与自然和谐共生的未来；把实现亲仁善邻的社会理想作为走和平发展道路的坚定目标。新的文化生命体为马克思主义中国化时代化提供了肥沃土壤，为巩固中国式现代化的中国特色提供了深厚的思想资源和精神动力（党的二十大报告所讲的中国式现代化的本质特征，是基于四大逻辑——马克思主义基本原理的理论逻辑、中华优秀传统文化的历史逻辑、新时代中国发展的现实逻辑、区别于西方现代化的世界逻辑——提升概括出来的），对"何谓现代化""现代化何以可能""现代化问题如何解决"等核心问题进行中国式解答，为参与全球治理体系改革和建设、推动国际秩序由变到治、解答"世界向何处去"贡献中国智慧和中国方案，为人们深入思考全球治理和社会主义发展道路提供有益的借鉴和启示。

**4. 有助于破解"古今中西之争"**

这是对上述三条理论之用的总结性概括。"古今"是历史时间问题，"中西"是历史空间问题。新的文化生命体本身既是古为今用的成果，解决了古今问题，又是基于不忘本来、吸收外来、面向未来的战略考量，它既不是中体西用，也不是西体中用，而是明体达用，这里的"体"即新的文化生命体，因而它又解决了中西问题。显然，新的文化生命体是在探索中国式现代化道路的进程中，以新的视角和方法来审视和处理古今、中西之间的关系，它整合了古今、中西的合理要素。为破解"古今中西之争"，需要我们在六个方面发力。

一是"合"。就是扎根于中华大地，立足中国式现代化具体实际与实践经验，注重"两个结合"，在实践中将马克思主义基本原理同中国具体实际相结合、同中华优秀传统文化相结合，将中华优秀传统文化同现代化相结合，在结合过程中确立中华民族的文化主体性。

二是"破"。即破除对西方现代化的迷思，解构"西方中心论"，破除对中华传统文化的文化复古主义和文化虚无主义。

三是"立"。即创新和发展新的文化生命体，建构中国式现代化的文化形态，建设中华民族现代文明，确立习近平文化思想的主体和主导地位。

四是"体"。我们要以新的文化生命体为体，以马克思主义为魂，以中华优秀传统文化为根，以中国式现代化的文化形态和中华民族现代文明为基，以习近平文化思想为指引，形成具有中国特色的新的文化体系。

五是"行"。作为一种全新的文化形态，新的文化生命体能够解决实践之用、理论之用，它不仅为我们提供了更广阔的视野，也为我们解决现实问题和推动文化创新提供了更强大的动力支撑。通过深入研究和探讨这种全新的文化形态，能进一步坚定我们的文化自信，为推动世界文化的繁荣和发展作出更大贡献。

六是"权"。即巩固中华民族文化主体性，加强党对文化的领导权。

## 五、新的文化使命：建设中华民族现代文明

新的文化生命体，是马克思主义同中华优秀传统文化相结合的产物，其内核就是中国式现代化的文化形态和中华民族现代文明及习近平文化思想。过去我们一直讲的是马克思主义同中国具体实际相结合，这里如有的学者所说，马克思主义是 A，中国具体实际是 B。"第二个结合"提出以后，我们又从 B 中进一步相对独立地

**文化何以重要**
与大众谈新的文化生命体与中华民族现代文明

提升出 C，这个 C，就是中华优秀传统文化。新时代的中国具体实际，把中华优秀传统文化的时代价值和世界意义充分而鲜明地彰显出来了。现在，A 和 C 相结合产生了复杂的"化学反应"，形成了一个新的文化生命体，它反过来又有利于破解中国具体实际中的问题。

中国式现代化有道路形态、理论形态、制度形态、文化形态。中国式现代化传承发展了中华优秀传统文化中的合理因素，也吸收了西方现代化进程中的一些积极成果，吸收了人类文明优秀成果，形成了中国式现代化的文化形态，从中可以进一步提升为中华民族现代文明。从哲学上来讲，主体性、平等性、普惠性，是中国式现代化的文化形态、中华民族现代文明最本质的特征。

民族是相对人类而言的，中国是相对世界而言的。人类文明是多样的，人类文明有多种形态，中华民族现代文明是多种形态中的一种。然而，这种新形态相对其他形态而言，更反映了人类文明和时代发展的大趋势，更能为人类文明发展和解决人类问题，提供具有光明前景的新方向、新路径、新选择。

"西方中心论"在整个世界影响比较大。近代以来，西方众多理论和知识体系都可以纳入"西方中心论"。"西方中心论"是一个总体性概念，是一个大框架，西方关于现代化线性道路、单数文明、文明冲突、种族优越、为我人性、社会进化、理性尺度、"普世价值"、开化使命、"美丽神话"、唯一哲学等，都可以在"西方中心论"中加以定义，都是"西方中心论"的基本要素或根本环节。过去一段时间，虽然我们坚持马克思主义的指导思想和指导地位，但"西方中心论"对中国和整个世界影响比较大。在这种情况下，一些人对西方现代化、"西方中心论"便产生了迷思。

当今世界正面临百年未有之大变局。在这一变局中，世界怎么了？我们怎么办？如何寻求世界发展的再生之路？

破解"西方中心论"，巩固中华民族的文化主体性，寻求世界发展的再生之路，就是我们中国所开创并推进和拓展的中国式现代化，是中国式现代化的文化形态和中华民族现代文明。中国式现代化与中国式现代化的文化形态、中华民族现代文明，就是为解构"西方中心论"而出场的，是利剑。要解构必定得先建构，即建构中国式现代化、中国式现代化的文化形态、建设中华民族现代文明。习近平总书记在党的二十大之后，在许多重要场合都讲中国式现代化理论。从中国思想理论和意识形态建设而言，其实质就是要用中国式现代化理论、中国式现代化的文化形态、中华民族现代文明解构"西方中心论"的理论体系和话语体系。思想理论和意识形态之争，实质上是主体性之争。我们一定要把中国式现代化的道路形态、理论形态、制度形态、文化形态建构起来，有效解构"西方中心论"的理论体系和话语体系。只有这样，才能巩固中华民族的文化主体性，加强党对文化的领导权。因此，构建新的文化生命体，尤其是建设中华民族现代文明，既是破解"古今中西之争"的一把利剑，也是巩固中华民族文化主体性的基石，又是新时代新的文化使命，还是为人类文明未来发展构建的一种具有光明前景的新形态，因而势在必行。

# 第五章 从建设中华民族现代文明到构建人类命运共同体

建设中华民族现代文明,与 21 世纪世界百年未有之大变局及世界文明中心的历史性转移有关。20 世纪汤因比曾指出,如果中国能够在社会和经济的战略选择方面开辟出一条新路,那么,就会证明自己有能力给全世界提供中国与世界都需要的礼物。当今,中国提供给中国与世界的礼物,就是中华民族现代文明,是习近平总书记提出的构建人类命运共同体理念。

# 一、西方文明难以破解当今世界的困局

从启蒙时代到现代的 300 多年,世界在西方文明主导下,社会生产力发展远远超过了以往人类历史发展的总和。然而,自进入 21 世纪以来,西方文明开始备受挑战,2008 年国际金融危机爆发,更是把世界推入乱象丛生的境地。

当今世界，人类面临诸如经济长期低迷、贫富差距拉大、经济危机和金融危机加深、军备竞赛和核竞赛升级、战争危险加剧、资源枯竭、环境恶化等困扰人类生存与发展的一系列全球性难题。习近平主席指出："世界经济长期低迷，贫富差距、南北差距问题更加突出。究其根源，是经济领域三大突出矛盾没有得到有效解决。""一是全球增长动能不足，难以支撑世界经济持续稳定增长。""二是全球经济治理滞后，难以适应世界经济新变化。""三是全球发展失衡，难以满足人们对美好生活的期待。"[①]这意味着影响世界发展的动力、平衡、治理三大根本机制出了问题。其深层根源，是西方文明的逻辑出了问题。

"西方中心论"是西方文明的逻辑起点，这是导致世界困局的理论根源。"西方中心论"奉行"一元论"、主客对立的哲学思维，即西方世界是主、非西方世界是客，西方世界是"我族"、非西方世界是"异类"。它标榜西方价值的普世性和西方道路的唯一性，认为西方文明是

---

① 习近平：《共担时代责任，共促全球发展》，《求是》2020年第24期。

**文化何以重要**
与大众谈新的文化生命体与中华民族现代文明

人类真正的文明,西方标准就是世界标准,非西方世界应向西方世界看齐。在这种逻辑中,客随主便、我族歧视异类,自然是西方认为情理之中的事。显然,西方文明蕴含着对抗的基因,世界因此被切割成相互冲突的对立体。

自由主义是西方文明的精神支柱,是导致世界困局的人性根源。自由主义主张个人利益和自由最大化,鼓吹私有制,倡导市场万能和民主神话,纵容物欲横流的消费主义,注重弱肉强食的丛林法则。世界金融危机的后遗症、局部战乱的升级、世界贫困人口的急剧增加,都标志着西方文明已深陷危机。

资本扩张是西方文明的行动旨趣,这是导致世界困局的制度根源。世界进入近代以来,资本就像脱缰的野马横行于世,推动资本主义从商业资本主义到垄断资本主义再到金融垄断资本主义的升级,直接或间接影响着世界的每一个角落,推动着人类社会的发展,同时也把世界带入险境。因为资本逐利、扩张和增殖的本性,使资本主义形成了以牺牲资源、环境、生态、人的发展以及发展中国家利益为代价的生产方式,形成了以金融霸权、文化霸权和军事霸权控制世界的统治方式,加剧了地区发展的不公平性、非均衡性和不可持续性，引发了资本主义制度体系下的结构性、累积性、依附性发展问题。

如此看来，作为世界困局之始作俑者，西方文明难解当今世界困局，"西方中心论""历史终结论"终要破产，人类呼唤新理念和新文明。

## 二、中国向世界提出构建人类命运共同体理念

习近平总书记提出的构建人类命运共同体理念，是一种具有原创性和标识性且能为世界作出贡献的中国理念。

构建人类命运共同体理念具有强烈的问题意识，主要是针对国际霸权主义横行而导致的全球创新动力不足、全球发展失衡、全球治理滞后提出的。这些问题不仅阻碍着实现社会主义现代化和中华民族伟大复兴的历史进程，而且会使整个世界陷入困境。

构建人类命运共同体理念强调世界既具有多样性又

具有统一性的世界观，超越了西方的"一元论"，具有解决中国和世界难题的理论基础。世界各国在历史、传统、文化、国情、制度等方面都具有差异性和多样性。同时，世界各国也具有统一性，即共同性，都要遵循社会历史发展规律，且对美好愿景具有共同追求。统一，是在承认和尊重世界多样性前提下的统一；多样，是统一性中的多样。强调统一不要忽视多样，强调多样也不要忽视统一。世界是多样性的统一，也是统一性的多样。这样来认识和把握世界，既有利于使世界充满活力，又有助于使世界达至和谐。如果只强调统一而不注重多样，就易走向霸权主义，只强调多样而不注重统一，就会导致世界的对立和分裂。习近平主席从多样性中寻求共性，他所提出的构建人类命运共同体理论既尊重世界差异性，又注重世界统一性。这就克服了"西方中心论""历史终结论"只强调"一"而排斥"多"的方法论弊端。

构建人类命运共同体理念强调国家平等的国家观，超越了西方主体统治客体的哲学思维。中华文明具有极大包容性，能够将各种文明的优秀因子加以融合，这是中华文明的独特优势。同时，中华文明富含讲仁爱、重民本、守诚信、崇正义、尚和合、求大同等优质基因，在修身、齐家、治国、平天下方面积累了丰富经验。这些基因、优势和经验不仅可以成为实现民族复兴、促进世界和平的战略资源，而且可以成为当今全球治理的独特资源。提出构建人类命运共同体，重在强调平等包容、主权平等，而不是主体统治客体；主张和而不同，而不是居高临下强加于人，甚至不惜诉诸武力；主张各国不分大小、强弱、贫富，都是国际社会平等的成员，提倡以和平合作、包容普惠的发展模式代替你输我赢、赢者通吃的发展模式。这些既可以纠正以"一元论"、主体统治客体为哲学基础的霸权主义，也有利于克服资本主义私有制的先天缺陷，更好地服务于人类。

构建人类命运共同体理念坚持文明互鉴的文明观，以开放的胸襟和世界眼光，学习世界一切国家先进文明有益的成果。

构建人类命运共同体理念坚持尊重世界各个国家根据自己的国情、历史、文化、传统自主选择发展道路的发展观，既强调加快发展，又强调保持自身的独立性。

构建人类命运共同体理念坚持互利普惠的义利观，强调互利共享，超越零和博弈，建设利益合作共同体。人类命运共同体首先是一个利益合作共同体，合作共赢,维护全人类共同利益,是首要内容。国家之间交往首要看的是国家利益,只有具有共同利益才会展开合作。由于各国之间具有共同利益,所以要实现利益上的互利共惠。经济全球化已把世界紧紧联系在一起,大家都在一条船上,你中有我、我中有你,一荣俱荣、一损俱损,没有哪个国家和民族可以独善其身。构建人类命运共同体论的实质是追求包容普惠。习近平主席围绕构建人类命运共同体这一主题,多次在国际重要场合发表主旨演讲,提出"秉持普惠原则""建设普惠包容的经济全球化""打造平衡普惠的发展模式"等重要思想。应把普惠作为建设持久和平世界的根本原则,作为推动建设经济全球化的核心理念,作为促进人类发展的一种模式。

构建人类命运共同体理念坚持共治共处、避免"修昔底德陷阱"、建设安全共同体的安全观。要发展,也要安全,二者相辅相成,可谓和平发展。习近平主席指出,"世上没有绝对安全的世外桃源,一国的安全不能建立在别国的动荡之上,他国的威胁也可能成为本国的挑战"[1]。国家和，则世界安；国家斗，则世界乱。我们要完善机制和手段，更好化解纷争和矛盾、消弭战乱和冲突。国家之间要构建对话不对抗、结伴不结盟的伙伴关系。大国要管控好分歧，努力构建不冲突不对抗、相互尊重、合作共赢的新型关系。只要坚持协商沟通、真诚相处，"修昔底德陷阱"就可以避免。

## 三、中华民族现代文明助推构建人类命运共同体

构建人类命运共同体，实质上是寻求一种不同于"西方中心论"的世界发展的再生之路，是为解决人类共同面临的发展赤字、和平赤字、治理赤字、信任赤字四大难题提供中国方案，贡献中国智慧，进而是为了重建新的世界格局。这实际上蕴含了一种不同于西方文明而注重多样性、平等性、包容性、普惠性的中华民族现代文明。

在世界文明谱系中，能与西方文明相提并论的，无

---

[1] 《习近平著作选读》第 1 卷，人民出版社 2023 年版，第 566 页。

疑是以中华文明为代表的东方文明。中华文明是一种典型的农业文明和内陆文明，起源于夏商周三代之前，成型于秦汉，兴盛于隋唐，宋明时达到顶峰，其博大精深的文明成果为人类发展作出了卓越贡献。对于西方国家来说，无论是地理大发现、文艺复兴，还是走出中世纪进入现代社会，中华文明都起到了至关重要的作用。

由于清朝后期统治者的封闭僵化，中华文明在西方工业文明和海洋文明的冲击下迅疾走向衰落。在近代历史上，中国盛极而衰，中华文明也因此背负骂名，曾经成为中国的沉重包袱。"全盘西化论"因此泛滥，至今仍有一定市场。习近平总书记提出的构建人类命运共同体理念，使中华文明发生着凤凰涅槃式的变化。

人类命运共同体实质上就是当代中国为人类和世界作出重大贡献的一种中华民族现代文明。无论是古代历史上的"华夏中心论"，还是近代以来的"西方中心论"，都不符合时代发展趋势，都无益于人类永续发展和世界持续繁荣。习近平总书记提出的构建人类命运共同体理念的世界意义，就在于辩证扬弃中华传统文明，超越西方文明，为人类和世界发展贡献了一种中华民族现代文明，且回答了"中国能为世界贡献什么"的问题。

## 第五章　从建设中华民族现代文明到构建人类命运共同体

中华民族现代文明不忘本来、吸收外来、面向未来，既以中华优秀传统文化、中国人民的革命文化、社会主义先进文化为母体，又合理吸纳西方文明等一切外来文明中的有益成分。中华民族现代文明具有不忘本来、吸收外来、面向未来的文化气度，坚持吐故纳新、博采众长。习近平总书记提出的构建人类命运共同体理念，是化解世界冲突、管控国际分歧的"定海神针"。

构建人类命运共同体理念蕴含着中华民族现代文明，这是一方面。另一方面，中华民族现代文明也助推构建人类命运共同体。中华民族现代文明具有中国意义，在于巩固中华民族的文化主体性；也具有世界意义，在于开创了一种人类文明新形态，这种人类文明新形态扬弃中华传统文明，超越西方文明，能为解决人类问题和世界问题贡献中国智慧和中国方案。

# 第六章 作为新的文化使命的中华民族现代文明

2023年6月2日,习近平总书记在文化传承发展座谈会上的讲话中指出,"结合""是深刻的'化学反应',造就了一个有机统一的新的文化生命体","推动了中华文明的生命更新和现代转型","发展出中华文明的现代形态","在新的起点上继续推动文化繁荣、建设文化强国、建设中华民族现代文明,是我们在新时代新的文化使命"。①2023年10月,在全国宣传思想文化工作会议上,习近平总书记对宣传思想文化工作作出重要指示,再一次强调,要把在新的历史起点上继续推动文化繁荣、建设文化强国、建设中华民族现代文明,作为新的文化使命。②这里,中华民族现代文明,就是"第二个结合"造就的新的文化生命体的内核,它推动了中华文明的生

---

① 习近平:《在文化传承发展座谈会上的讲话》,《求是》2023年第17期。
② 参见《习近平对宣传思想文化工作作出重要指示强调 坚定文化自信秉持开放包容坚持守正创新 为全面建设社会主义现代化国家 全面推进中华民族伟大复兴提供坚强思想保证强大精神力量有利文化条件》,《人民日报》2023年10月9日。

命更新和现代转型,成为中华文明的现代形态。

# 一、在"第二个结合"的逻辑中理解建设中华民族现代文明

理解和把握"中华民族现代文明"这一概念的逻辑起点是"第二个结合",应在"第二个结合"的内在逻辑中理解和把握这一概念的含义。

首先,如前所述,提出并阐述"第二个结合"的内在逻辑,是新时代把中华优秀传统文化从中国具体实际、把"第二个结合"从"第一个结合"中相对独立出来。在不同阶段中国具体实际不同,我们对中华优秀传统文化的地位和作用的认识就相对不同。中国特色社会主义进入新时代,中国具体实际内涵发生了深刻变化。国内的具体实际,核心是强国建设、民族复兴,是丰富人民精神世界、增强人民精神力量;国际的具体实际,核心是和平发展、合作共赢。强国建设、民族复兴和丰富人民精神世界、增强人民精神力量内在要求高度重视中华优秀传统文化,因为强国建设、民族复兴和丰富人民精

神世界、增强人民精神力量包括文化复兴和文化强国。强调文化复兴、文化强国，就必须坚定文化自信，拥有文化主体性，使中华优秀传统文化通过创造性转化、创新性发展强起来，进而满足中国式现代化与强国建设、民族复兴以及丰富人民精神世界、增强人民精神力量的需要。和平发展、合作共赢也内在要求高度重视中华优秀传统文化，因为它具有丰富的协和万邦、兼济天下、世界大同、和而不同的思想资源，可以为和平发展、合作共赢提供思想支撑和理论论证。

其次，之所以把中华优秀传统文化从中国具体实际中相对独立出来，是由于新时代的中国具体实际使中华优秀传统文化具有特殊意义，即它是中国思想文化的"根脉"。"根脉"具有"根基""根本"的意义，根深才能叶茂。这意味着可以把中华优秀传统文化和马克思主义这一"魂脉"并提，要重估中华优秀传统文化的时代价值，也提升了中华优秀传统文化在推进马克思主义中国化时代化，推进理论创新、理论建设中的时代地位和作用，克服过去那种"重马轻中"、厚今薄古的倾向。马克思主义是我们立党立国、兴党兴国的根本指导思想，对此必须坚持。同时，在推进马克思主义中国化时代化，推进中国理论创新、中国理论建设过程中,中华优秀传统文化也具有十分重要的时代地位和作用。

再次,"魂脉"和"根脉"的结合即"第二个结合"会产生深刻的"化学反应",即形成一种有机统一的新的文化生命体——中国式现代化的文化形态和中华民族现代文明。中华民族现代文明推动了中华文明的生命更新和现代转型,是中华文明的现代形态。

最后,建设文化强国、建设中华民族现代文明,是我们在新时代新的文化使命。这里的使命,即中国共产党所应主动实现的目标、完成的任务、应尽的责任,是一种基于理想召唤而需要全情投入的目标、任务、责任,是中国共产党人生命价值的集中体现,具有长期性、激励性、指导性。中国共产党的使命,是为中华民族谋复兴;新时代新征程中国共产党的使命,是以中国式现代化全面推进中华民族伟大复兴;新时代中国共产党的新的文化使命,是在新的历史起点上继续推动文化繁荣、建设文化强国、建设中华民族现代文明。这三个角度所讲的使命具有一个共同点,即讲的都是中华民族,都决定着中华民族伟大复兴的命运。

显然,建设中华民族现代文明,是"第二个结合"

产生深刻"化学反应"的产物，它以中华优秀传统文化为基因和"根脉"，是一种具有内核意义的新的文化生命体，是中华文明的生命更新和现代转型，是中华文明的现代形态，是我们在新时代新的文化使命。

## 二、在中国式现代化理论体系的逻辑中理解中华民族现代文明

建设中华文明的现代形态，是中华文明的生命更新和现代转型，是我们在新时代新的文化使命。这意味着，我们应当在明体达用（这里的"体"，主要指新的文化生命体），即在中国式现代化的文化形态和中华民族现代文明的基础上，进一步建构起中国式现代化的理论体系和话语体系，打开中国理论和思想文化的创新空间，以解构"西方中心论"的理论体系和话语体系，进而破解"古今中西之争"，确立并掌握思想文化的主体性，为强国建设、民族复兴提供坚实支撑（此可谓"用"）。因而，中华民族现代文明同中国式现代化一道，是建构中国式现代化理论体系并解构"西方中心论"理论体系

的基石,是我们确立并掌握思想文化主体性的基础。

"西方中心论"是西方文艺复兴后资本主义凭借其所谓经济、政治、文化优势而向全球扩张的产物,它建立在现代化、种族、文化、文明、宗教、环境等所谓优越性基础之上;它产生于18世纪中后期,发展于19世纪,以古希腊古罗马哲学、基督教"普世价值论"和文艺复兴为思想来源,以工业化、现代化、全球化与殖民扩张为现实支柱,是近代西欧通过文艺复兴、工业革命、宗教改革与殖民主义扩张而形成的思想体系;黑格尔、兰克、孔德、韦伯等是"西方中心论"的倡导者,黑格尔哲学为"西方中心论"作了最为精致的哲学论证,使其成为一种完备的哲学理论形态,他还将历史视为人类自由意识的进步,把普鲁士王国看作真正自由与文化的代表。如前所述,"西方中心论"总体上是围绕线性道路、单数文明、种族优越、天赋人权、社会进化(资本主导)、理性尺度、开化使命、"美丽神话"、"普世价值"、形而上学等建构起来的,其实质是为西方资产阶级主宰世界制造具有历史合法性的意识形态论证。

应当肯定,西方文化对推进世界进步和人类文明具有重要历史贡献。然而,正是基于这种贡献,西方国家在文化演进中却逐渐将其转化为帝国文明,并建构起"西方中心论"的理论体系和话语体系。其中,最具总体和基石意义的,就是西方"文明一元论"。西方"文明一元论"是一个总体性概念,表达的是一个总体性问题,它是建立在以理性和解放、自由和民主、市场和资本、市民社会和个人利益、"普世价值"和"文明开化"为核心理念的线性历史观基础上的。笔者认为,西方"文明一元论"常常罔顾事实,由他们作为单一主体来解释文明,把他们所解释的文明当作最高的、绝对的唯一,其实质就是"西方中心论"的帝国文明观,具有把文明异化为野蛮的逻辑和基因。显然,这种"文明一元论"开创不出人类文明和人类文明新形态,只能生长出西方资本型文化、单向度文化、殖民扩张式文化。

要破除西方霸权,首要的是解构"西方中心论"的理论体系和话语体系,建构起中国式现代化的理论体系和话语体系。其实质,就是要说明和论证"西方中心论"开创不出人类文明和人类文明新形态,而中国式现代化、中华民族现代文明能开创出人类文明和人类文明新形态。

要解构"西方中心论",首要的是建构中国式现代化的理论体系和话语体系。这种理论体系和话语体系,可围绕道路多样、中华民族现代文明、民族特性、为他人性、社会治理、人民至上、全人类共同价值、全球治理、人类命运共同体、普惠哲学等来建构。其中，最具总体和基石意义的，就是中华民族现代文明，它把道路多样、民族特性、为他人性、社会治理、人民至上、全人类共同价值、全球治理、人类命运共同体、普惠哲学都囊括其中。中华民族现代文明坚持连续性和创新性相统一、统一性和包容性相统一、和平性和合作性相统一、平等性和普惠性相统一，因而能开创出人类文明和人类文明新形态。显然，中华民族现代文明，既是建构中国式现代化理论体系和话语体系的基石，又同中国式现代化一道，开创出人类文明和人类文明新形态，因而具有总体性意义，也能巩固中华民族的文化主体性。

## 三、在人类文明新形态的逻辑中理解中华民族现代文明

中华民族现代文明究竟是一种什么样的文明？我们要怎样理解和把握？

## （一）在区别又高于西方一元文明的关系框架中理解和把握中华民族现代文明

笔者认为，西方"文明一元论"把文明解释为价值判断的规范性概念，认为文明即价值，强调任何国家、民族都应沿着确定的同一道路，朝着确定的具有同一性的"至善至美"的理想目标迈进：具有文明优越感的"高尚种族"站在人类文明发展的制高点上，既具有掌握解释世界如何运转、历史如何进步的话语权，也应当让"野蛮、愚昧"的"非文明"国家、民族变得文明开化，这是"他我"国家、民族裁定教化"非文明"国家、民族变得文明开化的过程。这样的文明具有一元性、评判性、改变性和统治性，是单数一元文明。这种文明之哲学基础，是主统治客的哲学范式和线性史观。依据这种文明观就会认为文明只属于欧洲民族，欧洲民族之外的民族都处于蒙昧、野蛮的状态。显然，西方的"文明一元论"与人类文明新形态无涉。

中华民族现代文明侧重把文明解释为事实判断，它描述的是整个人类发展和民族进步的事实；强调发展进步是各个国家、民族为改变其现状而向前迈进的自我超越、自我完善、自我发展、自我进步的过程；注重世界现代化和人类文明的多样性、包容性、互鉴性、平等性、和平性和普惠性。这是一种多元文明，其哲学根基是多样统一、主主平等、和合普惠的哲学观。

显然，在创造人类文明新形态问题上，中华民族现代文明既区别又高于西方一元文明。在历史时间上，它是从工业文明走出来的生态文明；在历史空间上，是扬弃西方文明、建设中华民族现代文明基础上的和合普惠文明；在经济社会发展上，是超越物质主义膨胀的单向度发展的五大文明协调发展的全要素文明；在生产关系上，是区别并高于资本主义资本文明的社会主义人本文明和中国特色社会主义民本文明。显然，这样的文明相对于西方文明之恶，能为创造人类文明新形态开辟一种具有光明前景的方向和道路。

## （二）在文化与文明关系的框架中理解和把握中华民族现代文明

文明需要在与文化的关系中加以理解和把握。"文明"和"文化"都是难以解释清楚的概念，二者有着复杂的关系，人们时而将二者等同，时而把二者对立。其实，二者既有联系也有区别。文化和文明有相通之处，都与人有关，是"人化"的产物，也都有化人的作用。目前最为重要的是厘清文明和文化的区别。理解二者的区别，有助于深化对文化和文明的理解，并实现文化观和文明观上的突破。

一是所指相对不同。笔者认为，文化相对于未经人的活动外化的原始自然，侧重于人与物的关系框架中的"人化"对象，也相对注重对象化为事物、外化于物和人化为物，它有化人之义，但其化人有积极和消极两方面，积极方面是通过转化和提升为文明而化人；文明则相对于野蛮、愚昧，侧重于人和人的关系框架中的化人，即使人成其为人的积极成果，相对注重内化于人、化人为善、德行天下的进步过程，既是一种人类开化性的自我确证、自我约束、自我完善、自我进步，也有"人化"因素，但它是"人化"中因人性进步而具有的利他发展进步的积极成果。这里，文化中蕴含文明但不都是文明，文明中蕴含文化但不是所有的文化，即文明是文化之善，是文化成果中有益于人性进步且化人为善的进步方面。换言之，文化是文明的前提，文明是对文化在积极进步方向上的提升。

二是所用相对不同。文化有先进、落后之分，落后的文化阻碍人类与国家、民族、社会的发展进步包括文明进步，而文明则是在人类发展和文化发展中沉淀下来的有助于人性进步、人类进步、国家进步、民族进步、社会进步的积极成果，是文化中的先进方面和状态，适合整个人类共用，它只有特色不同，没有优劣之分。

三是所重相对不同。"文化"是基于民族性和地域性的概念，相对强调民族自我、民族特质、民族差异和民族认同，它有边界，看重传统。文明也呈现民族特色及其独特性，但从整个人类发展、民族进步来讲，它更加注重民族间的统一性、交融性、互鉴性，注重民族或地域文明所具有的世界意义，它超越边界，看重进步。

显然，中华民族现代文明是中华优秀传统文化的文明指向，是文化之善即文化的进步方面，它注重化人过程中使人成其为人的积极成果；注重内化于人、化人为善、德行天下的进步过程；注重中华民族的自我确证、自我约束、自我完善、自我进步；注重各个民族之间的统一性、交融性、互鉴性；注重中华民族现代文明所具有的时代价值和世界意义，能为创造人类文明新形态提供丰富的思想资源和坚实的思想基础。

#  第七章 从五个维度理解人类文明新形态

中华民族现代文明能创造一种人类文明新形态。

从建党百年之际首次提出"人类文明新形态",到《中共中央关于党的百年奋斗重大成就和历史经验的决议》提出"党领导人民成功走出中国式现代化道路,创造了人类文明新形态",再到党的二十大将"创造人类文明新形态"纳入中国式现代化的本质要求,我们党对于人类文明新形态的认识和理解逐步深入。习近平总书记在学习贯彻党的二十大精神研讨班开班式上发表重要讲话强调:"中国式现代化,深深植根于中华优秀传统文化,体现科学社会主义的先进本质,借鉴吸收一切人类优秀文明成果,代表人类文明进步的发展方向,展现了不同于西方现代化模式的新图景,是一种全新的人类文明形态。"[1] 中国特色社会主义现代化能够创造出人类文明和人类文明新形态。人类文明新形态的深远意涵,需

---

[1] 《习近平在学习贯彻党的二十大精神研讨班开班式上发表重要讲话强调 正确理解和大力推进中国式现代化》,《人民日报》2023年2月8日。

在对民族历史转变为世界历史进程的分析和考察中,在与西方现代化蕴含的文明相区别的意义上,进行明晰和确证。

人类文明新形态,一是指它不是民族文明、地域文明,而是人类文明,具有人类文明共有属性;二是指它是人类文明的一种新的形态,区别于人类文明的其他形态;三是指它具有核心理念,具有逻辑严密的完整框架和完备内容,具有标识性的范畴和理论,具有鲜明的本质特征。中国式现代化所创造或内生的人类文明新形态,具有以下五个维度的内涵。

## 一、哲学维度:主主平等的人类文明新形态

哲学意义上的文明,与人的存在方式本质相关。从某种意义上说,人是可能打破生物学限制的物种,这是人的存在的超越性的典型表现,由此决定了人类的进化本质不再只是肉体的进化,还有文明的演进。在对人的发展形态和人类历史发展阶段考察的基础上,马克思指

出:"人的依赖关系(起初完全是自然发生的),是最初的社会形式,在这种形式下,人的生产能力只是在狭小的范围内和孤立的地点上发展着。以物的依赖性为基础的人的独立性,是第二大形式,在这种形式下,才形成普遍的社会物质变换、全面的关系、多方面的需要以及全面的能力的体系。建立在个人全面发展和他们共同的、社会的生产能力成为从属于他们的社会财富这一基础上的自由个性,是第三个阶段。"[1]在马克思那里,人的发展分为三种历史形态:基于自然经济历史阶段的人的依赖;以物的依赖性为基础的人的独立性;基于未来产品经济历史阶段的自由个性。在整个人的发展形态和人类历史发展阶段上体现出"人的依赖—人的独立性—自由个性"的发展链条。可见,马克思对人类社会发展的思考,始终围绕的是历史主体(人的发展)这一要素,在一定程度上可以说,现代化的本质是人的现代化,是人的发展进程。

从哲学维度来看,中国式现代化区别又高于西方现代化,主要在于其哲学根基、哲学范式。在前资本主义

---

[1] 《马克思恩格斯文集》第8卷,人民出版社2009年版,第52页。

社会，哲学意义上的人的存在方式在人和物的关系上，主要体现为主体和客体没有明确区别开来，而是混为一体的；在人和人的关系上，主要体现为人的依赖，人依赖于人们之间的血缘关系，依赖于由血缘关系构成的血缘共同体，依赖于血缘共同体中的权力。在资本主义社会，哲学意义上的人的存在方式，主要体现为物的依赖基础上的个人独立。具体来说，在人和物的关系上，人的存在方式主要体现为物的依赖。在这种依赖关系中，主体和客体相对区分开来，物质力量成为有主宰力的生命，而人的生命则化为愚钝的物质力量，物是主体，人是客体；在人和人的关系上，主要体现为人们之间的个人独立，且一部分人是主体，一部分人是客体，西方现代化的历史就是资本家压榨工人、食利者奴役劳动者、少数人奴役多数人的历史。由此可见，资本主义社会、西方现代化所蕴含的所谓文明，就是主客对立、主统治客的文明。资本占有劳动并控制整个社会，资本掠夺、殖民扩张等都是这种文明形态的实践呈现。不可否认，西方现代化、西方文明对推动人类文明发展和世界历史进步发挥过积极作用，对此，马克思、恩格斯在《德意志意识形态》《共产党宣言》中都作过详尽的描述和分析。然而，笔者曾认为现在依然强调，西方现代化以两极分化、物质主义膨胀的单向度发展、掠夺自然资源和殖民主义扩张为本质特征，其哲学根基、哲学范式是主统治客的主客对立。这种哲学范式，在社会财富分配上，把资本（资本家）看作主，把劳动（工人）看作客，奉行资本占有劳动并控制社会的资本逻辑。在这种逻辑下，本应创造价值、创造财富的劳动却与本应占有劳动财富的工人相异化，"工人生产的财富越多，他的生产的影响和规模越大，他就越贫穷"[1]。如此，必然导致社会财富的两极分化。在物质文明和精神文明的关系上，它表现出物质主义极度膨胀的单向度发展，因而出现物欲纵横、精神萎靡的社会现象，使物质文明和精神文明的发展不协调，物质文明全然凌驾于精神文明之上。在人与自然关系上，主张狭隘的人类中心主义，即把人看作改造和征服自然的主人（主），把自然看作人类征服和改造的对象（客），因而便无止境地向自然索取甚至破坏自然。在世界各国之间的关系上，它把西方国家看作主，把非西方国家看作客，客随主便，因而西方一些国家走的是

---

[1] 《马克思恩格斯文集》第 1 卷，人民出版社 2009 年版，第 156 页。

通过诉诸战争、殖民掠夺等方式实现现代化的道路。由此，西方现代化创造不出人类文明和人类文明新形态。

中国式现代化更需要从哲学根基上加以理解，这关乎中国式现代化的"根"和"本"，关乎中国式现代化的"大道"和"灵魂"，关乎对中国式现代化认识和理解的高度和深度。在中国传统的哲学思想中，强调有机整体性，天人合一，世间万物之间互相联系、互相依存，以此来获得整体的稳定感，达到善和美的境界。中国式现代化之哲学根基，是主主平等，它区别并超越于资本主义的主客对立、主统治客的二元对立文明。社会主义文明就是主主平等的文明，这种文明既强调主体性即人人都是主体，同时又注重平等性即人人平等。全体人民共同富裕的现代化、物质文明和精神文明相协调的现代化、人与自然和谐共生的现代化、走和平发展道路的现代化等，都蕴含着主主平等的文明哲学范式。全体人民都作为创造和享受财富的主体，在创造和享受中国式现代化成果上具有平等性和普惠性，他们之间是平等的；物质文明和精神文明作为发展的主体，具有平等发展的机会，且二者是相互成就、相辅相成的；人与自然在物质、信息、能量的交换上都是平等的主体，而不是人类掠夺、征服与战胜自然，人与自然和谐共生就是平等交换的结果；世界各国不论强弱大小、民族差异，在主权、机会和规则上都应当是平等的，是平等的主体。因此，这种主张主主平等的文明属于人类文明，具有人类文明属性，是中国式现代化所创造的一种人类文明新形态。

## 二、历史时间维度：生态文明的人类文明新形态

工业化是现代化的基础和核心。不可否认，西方现代化极大提升了人与自然之间的物质交换水平。但在西方现代化初期阶段，西方为了推进工业化发展，无止境地向自然索取，甚或破坏自然。对此，恩格斯在《自然辩证法》中作了大量描述。随着全球化的推进和物质交换的断裂，生态环境问题日益叠加且成为全球性问题。在生态立场上，西方狭隘人类中心主义往往把人类看作自然界的主人，把自然界看作人类征服和改造的对象，把人与自然的关系看作敌对关系。在这种思想观念影响下，西方一些国家奉行先发展后治理的思路，最终导致环境污染、生态失衡。即使是后来出现的具有生态改良

性质的技术中心主义，也是亡羊补牢，为时晚矣。西方现代化始终围绕着追逐剩余价值展开，只要追逐剩余价值，就无法将作为一切财富源泉的自然界和劳动者分离。把自然界看作不变资本，把劳动者看作可变资本，用尽可能少的可变资本创造并支配尽可能多的不变资本，剩余价值才能不断积累。于是，"杰文斯悖论"就出现了：技术愈进步，资源愈廉价；资源愈廉价，消耗愈高涨；消费愈增加，社会愈浪费。可见，技术中心主义也难以从源头上拯救自然生态环境。在资本的逻辑中，自然只是待攫取的"金矿""钱袋子""取款机"，那些所谓掌管规则制定权的资本主义强国，对内抽取土地肥力，对外实施污染输出、灾难转移，推行生态殖民主义。因此，这种文明只是为了西方国家的发展，不具有人类性，不属于人类文明。

在面对如何处理人与自然关系的问题上，马克思主义创始人做过充分论述。恩格斯在《劳动在从猿到人的转变中的作用》中指出："我们不要过分陶醉于我们人类对自然界的胜利。对于每一次这样的胜利，自然界都对我们进行报复。每一次胜利，起初确实取得了我们预期的结果，但是往后和再往后却发生完全不同的、出乎预料的影响，常常把最初的结果又消除了。美索不达米亚、希腊、小亚细亚以及其他各地的居民，为了得到耕地，毁灭了森林，但是他们做梦也想不到，这些地方今天竟因此而成为不毛之地，因为他们使这些地方失去了森林，也就失去了水分的积聚中心和贮藏库。阿尔卑斯山的意大利人，当他们在山南坡把那些在山北坡得到精心保护的枞树林砍光用尽时，没有预料到，这样一来，他们就把本地区的高山畜牧业的根基毁掉了；他们更没有预料到，他们这样做，竟使山泉在一年中的大部分时间内枯竭了，同时在雨季又使更加凶猛的洪水倾泻到平原上。在欧洲推广马铃薯的人，并不知道他们在推广这种含粉块茎的同时也使瘰疬症传播开来了。因此我们每走一步都要记住：我们决不像征服者统治异族人那样支配自然界，决不像站在自然界之外的人似的去支配自然界——相反，我们连同我们的肉、血和头脑都是属于自然界和存在于自然界之中的；我们对自然界的整个支配作用，就在于我们比其他一切生物强，能够认识和正确运用自然规律。"[①] 这些重要论述可成为中国式现代化正确处理人

---

① 《马克思恩格斯文集》第9卷，人民出版社2009年版，第559—560页。

与自然关系的重要依据之一。

中国式现代化吸取西方现代化的历史教训，克服西方现代化的历史弊端，能够正确认识和运用自然规律，继续推进人类现代化的历史进步。党的十八大以来，围绕生态文明建设，以习近平同志为核心的党中央作出了一系列重大战略部署。习近平总书记指出："在'五位一体'总体布局中，生态文明建设是其中一位；在新时代坚持和发展中国特色社会主义的基本方略中，坚持人与自然和谐共生是其中一条；在新发展理念中，绿色是其中一项；在三大攻坚战中，污染防治是其中一战；在到本世纪中叶建成社会主义现代化强国目标中，美丽中国是其中一个。"[1] 由此，我们坚持人与自然和谐共生，坚持可持续发展战略，坚持节约优先、保护优先、自然恢复为主的方针，注重绿色发展，像保护眼睛一样保护自然和生态环境，坚定不移走生产发展、生活富裕、生态良好的生态文明发展道路，既有助于实现中华民族永续发展，又有助于推进世界实现绿色发展。

如今，对于习近平总书记所提出的"两山"理论、

---

[1] 《习近平著作选读》第2卷，人民出版社2023年版，第460—461页。

绿色发展理念，我们已经内化于心、外化于行。我们把尊重自然、顺应自然、保护自然，看作全面建设社会主义现代化国家的内在要求，且站在人与自然和谐共生的高度谋划强国建设、民族复兴，站在人类文明进步的高度推动世界绿色发展。我们推进美丽中国建设，坚持山水林田湖草沙一体化保护和治理，统筹产业结构调整、污染治理、生态保护，应对气候变化，协调推进降碳、减污、扩绿，推进生态优先、节约集约、绿色低碳发展；我们加快发展方式绿色转型，深入推进环境污染防治，提升生态系统多样性、稳定性、持续性，积极稳妥推进碳达峰、碳中和，使生态文明建设取得举世瞩目的历史性成就，发生了具有转折性意义的历史性变革；我们积极参与全球环境治理和保护，通过建立"一带一路"绿色发展多边合作机制、深化"南南合作"生物多样性保护机制，为其他发展中国家加强环保能力建设和生物多样性保护提供支持和帮助，积极加强绿色国际合作，共享绿色发展成果，为世界绿色发展贡献了中国智慧和中国力量。因此，这种人与自然和谐共生的生态文明属于人类文明，具有人类文明属性，是中国式现代化所创造的一种人类文明新形态。

## 三、历史空间维度：和合普惠文明的人类文明新形态

笔者一直强调，西方现代化以理性、自由、资本、"西方中心论"为支柱，只能生长出西方资本型文化、单向度文化、殖民扩张文化。西方国家在西方文化演进中，逐渐将其转化为帝国文明，并遵循线性道路、单数文明、种族优越、为我人性、社会进化、"普世价值"、理性尺度、开化使命、"美丽神话"、唯一哲学的思路和逻辑，建构起"西方中心论"的理论体系和话语体系。因此，我们看到，西方国家打着文明的旗号做出令人发指的野蛮行径。可以回溯，第一次世界大战的发源地在哪里？第二次世界大战的发源地又在哪里？西亚、北非、中东的地区冲突和局部战争的根源在哪里？俄乌冲突的根源在哪里？巴以冲突的根源在哪里？由此可见，西方所谓的文明，本质上就是用"美丽神话"包装、掩盖的狭隘民族主义文明，是通过诉诸战争、殖民掠夺等方式实现现代化的单赢文明。这种文明，在手法上是把世界唯西化，把西方唯一化，把唯一统一化，把统一统治化。其

实质，就是把进步化为中心，把特殊说成普遍，把西方当成世界，把文化等同于文明，把现代化等同于西方化。这就是西方现代化文明所谓的基于规则的秩序。如若不服从西方统治，试图挑战这种规则秩序，便会遭遇打压。因而，以近代西方工业化、市场化、资本化为基石，以理性和解放、自由和民主、市民社会和个人利益为核心理念的西方现代化从基因上只能内生出物化文化、资本型文化、单向度文化、殖民扩张式文化，这种文化在结果上因注重绝对一元又内生出为我、单赢、掠夺、扩张、冲突和暴力，并异化为反文明的野蛮。因此，这种文明不具有人类性，不属于人类文明。

中国式现代化解构西方现代化的野蛮基因和逻辑，站在人类进步和文明发展的高度，站在世界和平发展、合作共赢的高度，坚定走和平发展道路，是共赢式的和合普惠文明。中国式现代化坚定不移地站在历史正确的一边、站在人类文明进步的一边，高举和平、发展、合作、共赢旗帜，在坚定维护世界和平与发展中谋求自身发展，又以自身发展更好地维护世界和平与发展。习近平总书记在文化传承发展座谈会上的讲话中着重强调，"中华文明具有突出的包容性。中华文明从来不用单一文化代替多元文化,而是由多元文化汇聚成共同文化,化解冲突,凝聚共识","中华文明的包容性,从根本上决定了中华民族交往交流交融的历史取向,决定了中国各宗教信仰多元并存的和谐格局,决定了中华文化对世界文明兼收并蓄的开放胸怀"。[1]也正是因为中华文明有强大包容性,所以体现出不偏激、不极端、为而不争、利而不害的和平性。

和平发展思想是中华文明的固有基因。"中华文明的和平性,从根本上决定了中国始终是世界和平的建设者、全球发展的贡献者、国际秩序的维护者,决定了中国不断追求文明交流互鉴而不搞文化霸权,决定了中国不会把自己的价值观念与政治体制强加于人,决定了中国坚持合作、不搞对抗,决不搞'党同伐异'的小圈子"[2]。中国式现代化是在中国与世界的交织互动中开创出来的,也会进一步推动中国与世界的交织互动,能彰显出人类文明元素。世界正处于百年未有之大变局,人类文明处于新的十字路口,从中华文明传承发展出来的注重和合普惠的中华民族现代文明具有鲜明的显著优势,能为建

---

[1] 习近平:《在文化传承发展座谈会上的讲话》,《求是》2023年第17期。
[2] 习近平:《在文化传承发展座谈会上的讲话》,《求是》2023年第17期。

设美好世界提供更多更好的中国智慧和中国方案。它可以看作以人类为主体,以世界多样性统一为现实根基,以坚持系统观念、坚持胸怀天下为世界观、方法论,以和平、发展、公平、正义、民主、自由为全人类共同价值,以建设利益共同体、价值共同体、安全共同体、合作共同体等为核心内容,着力建设以构建人类命运共同体为标识的文明。中国式现代化以和平发展道路赋能人类文明新形态,以平等的文明交流互鉴取代文化霸权,以合作共赢代替单打独赢,以天下大同超越殖民霸权,因此,这种和合普惠的文明属于人类文明,具有人类文明属性,是中国式现代化所创造的一种人类文明新形态。

## 四、经济社会发展维度:全要素文明的人类文明新形态

从历史来看,西方资本主义现代化是注重社会物质财富积累的单向度现代化。社会物质财富积累是西方资本主义现代化的至上目标。为积累社会物质财富,西方

资本主义国家确立了资本占有劳动并控制整个社会的逻辑,即资本主导的逻辑。同时,因资本具有投资、经营、扩张、统治、寄生的本性,具有增殖、掠夺、操纵、功利和邪恶的基因,这种本性和基因又内生出奉行物质至上、资本至上的价值观,奉行物质主义膨胀的单向度发展观,奉行利己主义、个人主义的伦理观。在资本为主线逻辑的单向度价值观、发展观、伦理观推动下,西方资本主义国家以其强大的经济实力和科技实力,恃强凌弱、以大欺小,以牺牲其他国家的发展为代价,在全世界大搞资本掠夺和殖民扩张;以破坏自然生态环境为代价,无止境地向自然索取甚至破坏自然,资本扩张的无限性与自然资源的有限性矛盾愈演愈烈,造成"人—自然—社会"生产的物质交换断裂,生态系统循环被无情打破。通过上述野蛮方式实现现代化的西方现代化,是一种损人利己、充满血腥且给广大发展中国家和人民带来深重苦难的现代化,是剥削、极端占有自然并在全球范围内转嫁生态污染风险和责任的现代化。

习近平总书记指出:"我们坚持和发展中国特色社会主义,推动物质文明、政治文明、精神文明、社会文明、生态文明协调发展,创造了中国式现代化新道路,创造

## 文化何以重要
### 与大众谈新的文化生命体与中华民族现代文明

了人类文明新形态。"[①] 中国式现代化所创造或内生的文明，代表着人类文明进步的发展方向，展现出不同于且高于西方现代化模式的新图景，即不同于西方那种物质主义膨胀的单向度工业文明，而是注重物质文明、政治文明、精神文明、社会文明、生态文明协调发展的全要素文明。在物质文明领域，它是实现全体人民共同富裕而非两极分化的文明。习近平总书记强调："西方现代化的最大弊端，就是以资本为中心而不是以人民为中心，追求资本利益最大化而不是服务绝大多数人的利益，导致贫富差距大、两极分化严重。一些发展中国家在现代化过程中曾接近发达国家的门槛，却掉进了'中等收入陷阱'，长期陷于停滞状态，甚至严重倒退，一个重要原因就是没有解决好两极分化、阶层固化等问题。"[②] 中国式现代化道路始终坚持推动高质量发展、做大"蛋糕"的同时，进一步分"蛋糕"，坚持以公有制为主体，多种所有制经济共同发展的社会主义市场经济体制；坚持按劳分配为主，重视第二次分配，倡导第三次分配，构

---

[①] 《习近平著作选读》第 2 卷，人民出版社 2023 年版，第 483 页。
[②] 习近平：《中国式现代化是强国建设、民族复兴的康庄大道》，《求是》2023 年第 16 期。

建三次分配协调配套的制度体系，扩大中等收入群体、缩小收入分配差距，推动全体人民共同富裕取得更为明显的实质性进展。在政治文明领域，它是积极发展全过程人民民主而非资本民主的政治文明。西方现代化强调的民主本质上是资本逻辑在政治领域的延伸，实际上仅作为维护资产阶级统治的工具而发挥作用，是民主选举时短暂的口头民主。而中国式现代化所强调的全过程人民民主具备完整的制度程序和参与实践，能够有效保证最广大人民的知情权、表达权、参与权、监督权，"实现了过程民主和成果民主、程序民主和实质民主、直接民主和间接民主、人民民主和国家意志相统一，是全链条、全方位、全覆盖的民主，是最广泛、最真实、最管用的社会主义民主"[①]，充分彰显了中国式现代化民主道路的显著优势。在精神文明领域，它是丰富人民精神世界、增强人民精神力量且实现全体人民精神生活共同富裕而非物欲至上的文明。我们始终坚持顺应人民日益增长的精神文化需求，建设具有强大凝聚力和引领力的社会主义意识形态，坚持马克思主义在意识形态领域的指导地位，

---

① 《习近平著作选读》第 2 卷，人民出版社 2023 年版，第 532 页。

**文化何以重要**
与大众谈新的文化生命体与中华民族现代文明

推动中华优秀传统文化实现创造性转化和创新性发展，坚持以社会主义核心价值观凝心聚力，坚持赓续弘扬革命文化、繁荣发展社会主义先进文化，为人民精神世界提供丰厚滋养，实现人的全面发展。在社会文明领域，它是共建共治共享而非资本宰制一切的文明。共建即共同建设社会事业，共治即共同治理社会活动，共享即共同享有社会利益。主张全体人民都是社会事业的建设者、社会活动的治理者和社会利益的享有者，实现人的全面发展和人与人之间的和谐发展。在生态文明领域，它是人与自然和谐共生而非人征服、统治自然的文明。人与自然和谐共生，不仅是中国式现代化的本质要求，也是中国式现代化的鲜明特色。它始终坚持统筹山水林田湖草沙系统治理，开展全方位、全地域、全过程生态文明建设，强调用最严格的制度、最严密的法治保护生态环境，推动构建地球生命共同体。

中国式现代化创造或内生的文明注重使14亿多人口整体迈进现代化社会，体现的是全体性；注重全体人民共同富裕，体现的是普惠性；注重物质文明、政治文明、精神文明、社会文明、生态文明相协调，体现的是协调性；注重人与自然和谐共生，体现的是共生性；注重走和平发展道路，体现的是共赢性。全体性、普惠性、协调性、共生性、共赢性，都是全要素文明的本质体现。因此，这种全要素文明属于人类文明，具有人类文明属性，是中国式现代化所创造的一种人类文明新形态。

## 五、根本制度维度：作为人本文明、民本文明的人类文明新形态

西方现代化不仅与生产力发展直接相关，而且与生产关系、根本制度紧密相连。资本主义生产关系、根本制度，决定着西方现代化必然是资本主导的现代化，西方文明必然是所谓的资本文明。也就是说，西方资本主义现代化生成的是资本文明。西方现代化有两大支柱，一个是"天上"的哲学即形而上学，一个是"人间"的资本。形而上学这一支柱属于理论层面，具有抽象性；资本这一支柱属于现实实践层面，具有具体性。形而上学从万事万物中抽象出一个最高、最根本的"一"，用抽象的"一"来统治现实社会中的"多"。这实质上意味着西方把西方现代化看作世界各种各样现代化最高的、

### 文化何以重要
与大众谈新的文化生命体与中华民族现代文明

最根本的"一",西方现代化具有统治性,统治世界各种各样的现代化,世界各种各样的现代化都要服从于西方现代化的统治。现实中,实践上的资本主导西方现代化进程,在资本的统治之下,推进西方现代化进程的各种要素,如劳动、技术、管理等,都因资本而聚集在一起。形而上学的唯"一"与现实中的资本主导"联姻"、共谋,推动着西方现代化进程。资本具有双重特性。从生产力方面看,它具有聚集一切生产要素而发展生产力的作用。正如《共产党宣言》所指出的那样:"资产阶级在它的不到一百年的阶级统治中所创造的生产力,比过去一切世代创造的全部生产力还要多,还要大。"[1]生产力的飞速发展也助推着人类文明的向前跨越,具有进步意义。从生产关系方面看,资本又具有"吃人"的本性。正如马克思所讲:"资本来到世间,从头到脚,每个毛孔都滴着血和肮脏的东西。"[2]在资本主义制度的辩护下,资本无所顾忌地吞噬着工人劳动者所创造的物质财富,劳动者成为如蝼蚁般毫无经济地位可言的工具,而非现实生活中具有自由发展权利的人。因此,西方现代化所生

---

[1] 《马克思恩格斯文集》第 2 卷,人民出版社 2009 年版,第 36 页。
[2] 《马克思恩格斯文集》第 5 卷,人民出版社 2009 年版,第 871 页。

成的文明主要是资本文明，这种文明具有唯"一"的统治性，以牺牲人的发展为代价，不具有人类性，不属于人类文明。

中国式现代化是中国共产党领导的社会主义现代化。这样的现代化所生成的文明，区别并高于西方的资本文明，是社会主义的人本文明，是中国特色社会主义的民本文明。我们一直强调，人民性是马克思主义的本质属性。中国式现代化的本质要求，坚持中国共产党领导，坚持中国特色社会主义，实现高质量发展，发展全过程人民民主，丰富人民精神世界，实现全体人民共同富裕，促进人与自然和谐共生，推动构建人类命运共同体，创造人类文明新形态。中国式现代化所遵循的重大原则之一是坚持以人民为中心的发展思想，坚持发展为了人民、发展依靠人民、发展成果由人民共享。中国式现代化所坚持的世界观和方法论之一是坚持人民至上，始终强调要站稳人民立场、把握人民愿望、尊重人民创造、集中人民智慧。社会主义社会形态高于资本主义社会形态决定了社会主义文明高于资本主义文明。资本主义社会始终以资为本，物对人进行统治，人成为物的奴隶，导致人自身的异化以及人与人的异化；社会主义社会则主张

**文化何以重要**
与大众谈新的文化生命体与中华民族现代文明

以人为本,坚持人的自由而全面发展,注重自主个性,强调每个人都可以也应当成为自己命运的主人,因此,它实现了人向自身的真正复归。

中国特色社会主义是社会主义的一种实现方式和表现形式,以人民为中心是以人为本在政治上的根本实现方式、表现形式。近些年,国内外在关于中国特色社会主义的性质问题上存在很多舆论,有些人认为中国特色社会主义是国家资本主义、新官僚资本主义等。针对此类错误认知,习近平总书记旗帜鲜明地指出:"我们党始终强调,中国特色社会主义,既坚持了科学社会主义基本原则,又根据时代条件赋予其鲜明的中国特色。这就是说,中国特色社会主义是社会主义,不是别的什么主义。"[1] 社会主义社会是追求公平正义的社会,是消灭剥削、消除两极分化、最终达到共同富裕的社会,是社会全面进步和人全面发展的社会,是解放全人类、解放无产阶级、逐步实现每个人自由全面发展的社会。中国特色社会主义始终坚持以人民为中心,是社会主义人本文明的政治体现和时代表达,是一种民本文明,彰显着社

---

[1] 《十八大以来重要文献选编》(上),中央文献出版社2014年版,第109页。

会主义的本质。因此，社会主义的人本文明、中国特色社会主义的民本文明属于人类文明，具有人类文明属性，是中国式现代化所创造的一种人类文明新形态。

人类文明具有共性和个性。就人类文明所具有的共同的本质特征而言，它具有共性；就人类文明可以以不同形态、不同方式存在和实现而言，它又具有个性。世界上各个国家、民族都可以为创造人类文明作出自己的贡献。中国式现代化新道路揭开了西方现代化道路以普遍掩盖特殊、以"唯西史观""普遍文明观"推行其殖民主义、帝国主义扩张的外衣及其实质，揭露了西方现代化的利己、掠夺、对抗的基因及单向度、单边主义、霸权主义、狭隘民族主义等本质特征，彰显出中国式现代化新道路的利他性、平等性、公共性、全面性、协调性、世界性、人类性、和平性、合作性等基因及其本质特征，致力于为解答"世界向何处去""人类向何处去"贡献中国智慧、中国方案、中国力量和中国理论，具有人类向度、世界向度。中国式现代化所创造或内生的人类文明新形态，为人类实现现代化提供了一种全新的选择，它代表着人类文明发展和世界历史进步的正确方向，因而是一种最具光明前景的人类文明新形态。

总之，中国式现代化既超越了中华传统以家庭伦理为基点的伦理型文明，也超越了西方立足于市民社会的物的依赖基础上的所谓资本文明、单向度文明、殖民扩张文明，开启了立足于人类社会、立足于社会生产力的全面发展和人的全面发展基础上的以人民为本的主主平等文明、生态文明、和合普惠文明、全要素文明、人本文明、民本文明，开创了人类文明新形态。这五种内涵具有内在逻辑关系：主主平等文明，是从哲学总体和本体来讲的；这种主主平等文明体现在生产力与经济社会发展方面，就是全要素文明，体现在生产关系与制度方面，就是人本文明、民本文明；体现在历史时间方面，就是从工业文明走出来的生态文明；体现在历史空间方面，就是和合普惠文明。

# 第八章 中国自主知识体系的西方逻辑与中国建构

新的文化生命体包括马克思主义、中华优秀传统文化、中国式现代化的文化形态、中华民族现代文明和习近平文化思想。其中，我们把建设中华民族现代文明作为新的文化使命的最高目标。习近平总书记也强调，党的二十大以后集中思考的问题，是建设中华民族现代文明。其内在实质，就是强调我们要立足中国式现代化与新的文化生命体，紧紧围绕中国式现代化的文化形态、中华民族现代文明和习近平文化思想，来建构当代中国自主知识体系，以解构"西方中心论"，破解"古今中西之争"。

习近平总书记指出："加快构建中国特色哲学社会科学，归根结底是建构中国自主的知识体系。"[1] 知识体系是基于实践经验而提炼概括出的特定专业知识的总和，它包括自然科学知识体系和哲学社会科学知识体系。新时

---

[1] 《习近平在中国人民大学考察时强调 坚持党的领导传承红色基因扎根中国大地 走出一条建设中国特色世界一流大学新路》，《人民日报》2022年4月26日。

## 第八章 中国自主知识体系的西方逻辑与中国建构

代,在哲学社会科学领域建构中国自主知识体系,就是要自主建设中国特有的哲学社会科学的经验和知识系统,它立足中国式现代化的实践经验与理论形态,立足新的文化生命体,倡导自主思考,注重原创成果,解决中国问题,繁荣中国学术,发展中国理论。其实质,就是随着中国式现代化的逐步成功而在此基础上建构起走向世界的中国理论,增强中国文化软实力,提升我国理论话语权,巩固中华民族的文化主体性。

从历史发生学角度看,基于中国特色社会主义建设道路的探索、中国式现代化建设的历史演进,尤其是中国式现代化建设的实践经验,中国式现代化的理论形态沿着"中国式现代化的实践探索—中国式现代化命题的正式提出—中国式现代化理论的形成发展—中国式现代化的理论形态的初步建构"这一历史逻辑而出场。从中国思想理论建构和意识形态建设演进角度看,针对西方先行开启和推动的现代化理论谱系,中国式现代化的理论形态,从学理上正是在"西方中心论"占据中心和统治地位的背景下,在与"西方中心论"的较量和超越中,所作出的历史自觉和自主选择。它区别又超越于"西方中心论"的理论体系,是解构"西方中心论"的一把利剑。总体来讲,"西方中心论"是扩大了的"欧洲中心主义",是"欧洲中心主义"自身逻辑与权力体系的放大,它既与西方现代化和资本主义的全球性扩张具有同构关系,又将非西方视为西方扩展和殖民的对象,因而具有强烈而鲜明的霸权意识。"西方中心论"是近代以来西方众多哲学社会科学知识体系的内在逻辑、理论根基和哲学内核。马克思晚年提出的东方发展道路理论、列宁晚年对经济文化落后的俄国向社会主义过渡道路的探索,中国共产党人提出的走自己的路、中国特色社会主义道路、中国式现代化新道路、中国式现代化,就是批判和超越"西方中心论"的历史成果。中国式现代化的实践和理论,就是拒斥"西方中心论"的叙事逻辑,而向人类实现现代化展现出的文明图景,它在实践上具有根本性、全局性、长远性、战略性和世界性。中国式现代化实践经验及其理论形态,集道路存在、文明存在、民族存在、人性存在、社会存在、人民性存在、价值存在、普惠存在、世界存在、哲学存在于一体,呈现出道路多样、文明互鉴、民族特质、为他人性、国家治理、人民至上、共同价值、人类命运、世界贡献、普惠哲学等十大核心要素。这十个要素属于标识性范畴,具有严密逻辑，不仅从学理上系统建构起中国式现代化的理论形态，而且彰显了既区别又超越西方现代化、"西方中心论"的显著优势，还为在哲学社会科学上建构起新时代的中国自主知识体系提供了标识性范畴与"思想芯片"。

从学理上来讲，直面且针对"西方中心论"，中国式现代化实践经验和理论形态及在此基石上建构起来的中国自主知识体系，是基于以下十大要素或标识性范畴及其内在逻辑建构起来的。

# 一、道路多样：中国式现代化内蕴发展道路的多样性

"西方中心论"认为，西方现代化道路是世界各国实现现代化的普遍的、唯一的道路，世界各国要实现现代化，必须走西方现代化道路。这种理论观点只看到现代化的普遍性而忽视了其特殊性。

实际上，任何形式的现代化都是普遍性和特殊性的统一。毫无疑问，中国式现代化与世界各国现代化具有共同特征。从横向一般要素来讲，在从农业社会向工业

**文化何以重要**

与大众谈新的文化生命体与中华民族现代文明

社会转变的社会结构之历史变迁进程中,任何国家搞现代化都必然注重工业化、城市化、全球化,注重市场经济、科学技术,注重民主法治、公平正义、自由平等。自改革开放以来,我国社会主义现代化建设从总体上也注重这些一般性要素。从纵向发展规律来看,任何国家搞现代化都必须遵循现代化发展的一般规律。如何揭示现代化发展的一般规律?这是学术界还需要进一步深究的一个重要理论问题。笔者以为,世界各国现代化发展的一般规律,简要来说,就是现代化起飞阶段相对注重发展动力,持续运行阶段相对注重发展的平衡和谐,当发展动能不足、发展失衡时,就要注重治理。中国式现代化也遵循这条规律。

习近平总书记指出:"每个国家和民族的历史传统、文化积淀、基本国情不同,其发展道路必然有着自己的特色。"[1]他把发展道路问题置于"四个讲清

---

[1] 习近平:《论党的宣传思想工作》,中央文献出版社 2020 年版,第 90 页。

楚"[1]的首位，彰显了走什么样的发展道路之于现代化的前提性意义。各个国家搞现代化，也必然具有本国特色。中国式现代化的发展道路集中体现为多样性。用我们中国的话来讲，就是"条条大路通罗马"。针对西方以资本为中心、两极分化、物质主义膨胀、对外扩张掠夺，并以牺牲其他落后国家利益为代价的资本主义现代化，为解构西方现代化的线性史观及线性道路，中国式现代化的本质特征集中体现为中国特色。这是中国式现代化的多样性生成逻辑，它从生成路径上回答了中国式现代化是什么的问题。

"一般只能在个别中存在，只能通过个别而存在"，"任何个别都不能完全地包括在一般之中"。[2]在理论上，中国式现代化坚持历史发展道路的多样性和走向社会主义道路的多样性，认为任何国家最终都要走向现代化，但都要根据本国的国情、历史、文化、传统和实际，选

---

[1] 即讲清楚每个国家和民族的历史传统、文化积淀、基本国情不同，其发展道路必然有着自己的特色；讲清楚中华文化积淀着中华民族最深沉的精神追求，是中华民族生生不息、发展壮大的丰厚滋养；讲清楚中华优秀传统文化是中华民族的突出优势，是我们最深厚的文化软实力；讲清楚中国特色社会主义植根于中华文化沃土、反映中国人民意愿、适应中国和时代发展进步要求，有着深厚历史渊源和广泛现实基础。
[2] 《列宁选集》第 2 卷，人民出版社 2012 年版，第 558 页。

择适合本国国情、解决本国问题的自主发展道路，决不能"用西方的鞋套中国的脚""用西方的公式剪裁中国的现实""耕了西方地，荒了中国田"。否则，就会适得其反。在实践上，中国式现代化强调要符合中国具体实际，坚持走自己的路，具有中国特色。在历史上，回溯对中国现代化历程的艰辛探索，探析中国现代化实践生成的坚实足迹，盘点中国现代化的人类文明意蕴，我们不难发现，中国式现代化在定义或规定其现代化发展道路的选择上，在定义或规定其本质要求和重大原则上，具有强烈的历史规律意识和历史主体意识，内蕴历史发展的普遍性和特殊性统一、连续性和阶段性统一、进步性和曲折性统一，以及历史发展道路的多线性。

中国式现代化道路的特殊性，主要体现在政治基础的特殊性，即历史和人民选择的中国共产党领导的社会主义现代化；历史和文化基础的特殊性，即中国式现代化有深厚的文化根基和历史传统；现实基础的特殊性，即人口规模巨大的现代化；本质特征的特殊性，即本质上不同于西方那种以资本为中心、两极分化、物质主义膨胀、对外扩张掠夺，并以牺牲其他落后国家利益为代价的资本主义现代化；理论基础的特殊性，即"两个结

第八章　中国自主知识体系的西方逻辑与中国建构

合"所形成的中国化时代化的马克思主义；哲学基础的特殊性，即主主平等普惠（对此，后面还会详加分析）；实践愿景的特殊性，即牢牢把握五个重大原则，致力于全面建成富强民主文明和谐美丽的现代化强国。

在学理上，可从五大逻辑进一步深化对中国式现代化本质特征的理解。

政治逻辑是中国共产党领导的社会主义现代化，它体现了社会主义的本质要求。这就在性质和方向上与西方现代化区别开来。

时代逻辑是强国时代。这是我国发展起来以后走向强起来的时代，亦即全面建成社会主义现代化强国、实现中华民族伟大复兴的时代（或强国建设、民族复兴）。中国式现代化是强国建设、民族复兴的康庄大道，中国式现代化是大国成为强国即实现强起来的现代化。

现实逻辑是人口规模巨大。这意味着中国式现代化与西方现代化不同，其艰巨性和复杂性前所未有，其发展途径和推进方式也不同于西方现代化，因而整体迈进现代化社会不能急于求成，要保持历史耐心，坚持稳中求进、循序渐进、持续推进。

理论逻辑是新发展理念。以创新发展、协调发展、绿色发展、开放发展、共享发展为核心内容的新发展理念，是我国发展壮大的必由之路，这是我们在长期实践中得出的至关紧要的规律性认识。全体人民共同富裕的现代化与共享发展本质相同，物质文明和精神文明相协调的现代化与协调发展本质相通，人与自然和谐共生的现代化与绿色发展本质相关，走和平发展道路的现代化与开放发展本质对接，人口规模巨大的现代化内在要求充分发挥亿万人民的创造伟力与创新发展本质相连。

哲学逻辑是主主平等普惠。14亿多人口整体迈进现代化社会，意味着人人都是现代化建设的主体，人人都享受现代化建设的成果，其实质就是主主平等普惠；全体人民共同富裕的现代化，说的是全体人民都是创造财富的主体，要实现共同富裕，此即主主平等普惠；物质文明和精神文明相协调的现代化，讲的是物质文明和精神文明都是共同发展的主体，二者具有平等的地位和作用，且相辅相成、相互成就，此即主主平等普惠；人与自然和谐共生的现代化，注重的是人与自然都是平等交换信息、能量的主体，目的是二者和谐共生，此即主主平等普惠；走和平发展道路的现代化，强调的是任何国家在主权上、机会上、规则上都是平等的，各国之间要实现合作共赢，此即主主平等普惠。

中国式现代化道路，蕴含现代化发展道路的多样性、创新性、独特性和自主性，它是世界现代化道路的一种新的范式和类型，具有世界意义。中国式现代化深深植根于中华优秀传统文化、历史传统与中国国情，体现了科学社会主义的先进本质，借鉴吸收人类文明一切优秀成果，代表人类文明进步的发展方向，展现了不同于西方现代化模式的新图景，打破了"现代化＝西方化"的迷思，强调"条条大路通罗马"，创新性地走出一条不同于西方现代化道路的新型现代化道路，拓展了发展中国家走向现代化的路径选择，也为人类实现现代化提供了新的选择。

这在实质上是倡导世界史观、世界观、历史观和非线性现代化道路观，区别于"西方中心论"的线性史观和西方现代化道路是唯一现代化道路的道路观。

## 二、文明互鉴：中国式现代化创造中华民族现代文明、人类文明新形态

道路是一种"走法"，不同的"走法"对推动社会

**文化何以重要**
与大众谈新的文化生命体与中华民族现代文明

历史进步和人本身的发展所起的作用是不一样的，对化人、使人成其为人产生的作用也是不一样的。况且，现代化本身就是使人类走出野蛮、蒙昧、不开化状态进而走向文明的历史过程。所以，现代化道路创造并蕴含文明。

长期以来，普遍流行甚至根深蒂固的关于文明形态的理论有：以社会形态作为论据的"五形态"说，以技术形态作为论据的渔猎、农业、工业文明"三形态"说，以"传统—现代"二分作为论据的"二形态"说，多认为文明具有唯一性、同一性、单线性、确定性、规范性。"西方中心论"认为文明形态具有一元性、单数性，进而认为文明只属于欧洲或西方，拥有先进现代化的"高尚民族"就站在了人类文明发展的制高点上，在价值上具有了解释世界如何运转、历史如何进步的话语权，而非西方的非文明民族则属于需要"文明开化"的"野蛮、愚昧"的民族，这在实质上奉行的是单数一元文明。

针对这种臆造出来的单数一元文明，中国式现代化作为一种基于人类文明在中国的具体实现形式，主张文明是从真善美上对社会和人的发展进步的总体性描述，本质上是一个事实判断，因而主张文明具有多样性，应当互学互鉴,这可称为复数文明观。这是中国式现代化的文明逻辑,主要回答中国式现代化如何彰显人类文明问题。

"建设中华民族现代文明,是推进中国式现代化的必然要求"[①]。中国式现代化的本质要求之一,是建设中华民族现代文明,进而创造人类文明新形态。这是对中国式现代化的文明形态的明确宣示和集中表达。结合上述理解,我们尝试从本源、关系、过程、结构、功能五个方面,展开对中国式现代化的文明形态之科学内涵及其深层逻辑的学理阐释。

本源意义上的中华民族现代文明,揭示的是其本体性存在。我们不能因为文明进程的推进而忘却和忽视人这个原点,不能忘却和忽视文明是对愚昧、野蛮、丑恶的摒弃,是对真善美坚持不懈的追求及其积累起来的积极成果。为此,中国式现代化所秉持的文明观具有四大要素:对创新动力、创新能力、创新活力的不懈追求及其积累起来的积极成果;对平衡、和谐的不懈追求及其积累起来的积极成果;以德治和法治的协同使世界与国

---

① 《习近平在江苏考察时强调 在推进中国式现代化中走在前做示范 谱写"强富美高"新江苏现代化建设新篇章》,《人民日报》2023年7月8日。

家、社会得到有效治理；对人类、群体、个人与世界、国家或民族、社会等发展进步的追求，且达至共生共进共享，进而使人人过上美好生活。

关系意义上的中华民族现代文明，揭示的是其关系性存在。任何事物都处在各种关系构成的系统之中，文明主要是通过在与文化关系的辨析中加以把握的。"文明"和"文化"有着直接和复杂的关系，人们有时将二者等同，有时把二者对立。其实，在作为"人化"的产物以及均具有化人的功能这两个方面，二者具有相通之处。然而，当务之急是厘清文化和文明的区别。这不仅能深化我们对文化和文明问题的理解，而且也会推进文化和文明理论上的创新突破。

哲学是文明活的灵魂。我们既可以从考古学、文字学方面推进文明探源工程，也可以从哲学入手推进文明探源工程。笔者曾讲过现在更加需要强调的是，从哲学意义上讲，文明和文化具有重要区别，前面对这种区别做出了简要阐述，这里再进一步展开论述。

一是相对性不同。文化主要是相对于未经人的活动外化的原始自然而说的，讲的是人化自然、人化事物，是人的内在本质力量的对象化。就此而言，它定义了文化含义的基本走向。文明则是相对于未经开化的野蛮、丑恶而言的，说的是人类追求真善美的发展进步过程和结果。就此而言，它定义了"文明"含义的基本走向。正像鲍登在《文明的帝国：帝国观念的演化》一书中所说：传统上，文明的对立面是野蛮。

二是哲学基础相对不同。文化的哲学基础是知识论，主要与认识世界相关。它相对侧重于人和物的关系框架中的人化事物或人化为物，相对注重运用文化知识、技术技能做事化事，注重外化于事物，主要坚持事物尺度。理性、知识、技艺、科学技术、社会财富，是其常用范畴。文化也有化人之义，即注重使自然人掌握文化知识和技术技能进而适应社会，把自然人化为社会人。然而，文化之化人和"人化"有积极和消极两个方面，积极方面是通过把文化转化为文明而化人和化物。教育的功能在于化人，既化为"文化人"，又化为"文明人"。文明的哲学基础主要是价值哲学和道德哲学，主要与改造世界和教化人相关。它相对侧重于人和人关系框架中的化人，即使人成为人的积极成果（由自然人到社会人再到具有健全人格的人），是一种人类开化、教化性的自我约束、自我完善、自我进步，相对注重化人做人且为他，注重内化于人、与人为善，主要坚持人的尺度。德行天下、善治、伦理道德、民主法治、公平正义，是其常用范畴。它也有"人化"因素，但它是"人化"过程中因人性进步而注重为他发展进步的积极成果。这里，文化不完全等于文明，文明也不完全等于文化，文明是文化之善，是文化成果中有益于人性进步且化人为善的进步方面；文明高于文化，因为西方文化在一定意义上会异化为野蛮行径，而文明特指化人为善、利他进步的事实。福泽谕吉指出："在未开化的野蛮时代，支配人们关系的，唯有道德。"

三是侧重点相对不同。"文化"是基于民族性和地域性的一个概念，相对强调民族自我、民族特质、民族差异和民族认同，看重传统，注重边界。人们常说的欧洲文化、中国文化、印度文化便是如此。文明当然也会呈现出民族特色及其独特性，但从整个人类发展、民族进步来讲，它更加注重民族之间的统一性、交融性、互鉴性，注重民族或地域文明所具有的世界意义，它超越边界，看重人性进步和人类进步。我们在一定意义上所讲的农业文明、工业文明、生态文明，就是如此。

四是作用相对不同。我们所讲的"代表中国先进文化的前进方向"、中华优秀传统文化，就表明文化有先进和落后之分。基于事实且作为描述性概念的"文明"，是人类发展和文化发展之演进中沉淀下来的有助于人性进步、人类进步、国家进步、社会进步的积极成果，是文化中的先进方面，适合整个人类共用。习近平主席指出："不同历史和国情，不同民族和习俗，孕育了不同文明，使世界更加丰富多彩。文明没有高下、优劣之分，只有特色、地域之别。文明差异不应该成为世界冲突的根源，而应该成为人类文明进步的动力。"[1] 尼采也认为，文明"无非是精神纪律、自我克制；相反，文化则可以同社会颓废现象密切联系在一起"。

五是存在方式相对不同。文化之本，是一定地域的人的生产方式、生活方式、行为方式、思维方式的样式呈现，是一个国家、民族的存在样式，不可复制，如中华文化等。文明之本，则是一个国家、民族的生产方式、生活方式、行为方式、思维方式以及存在样式的形象呈现，是一个国家、民族发展进步事实的积极呈现，如政治文明。

---

[1] 《习近平著作选读》第 1 卷，人民出版社 2023 年版，第 568 页。

### 文化何以重要
与大众谈新的文化生命体与中华民族现代文明

过程意义上的中华民族现代文明,揭示的是其过程性存在。哲学层面的文明演进过程,侧重于人类交往范式的历史变迁。依据马克思社会发展和人的发展"三形态"理论,可以把这一过程描述为"基于人的依赖的主客混体文明范式—基于物的依赖的主客对立文明范式—基于每个人自由全面发展的主主平等文明范式"。

结构意义上的中华民族现代文明,揭示的是其结构性存在。可以也应当将文明置于人与世界的关系结构中来理解。中国式现代化的文明观,在人和物的关系上就是大力发展物质文明,进而实现共同富裕;在人和人的关系上就是人际文明,把人当作目的;在人的身心关系上就是精神文明,实现精神充盈丰富;在人和自然的关系上就是生态文明,走向人与自然和谐共生;在人和社会的关系上就是社会文明,注重公平正义、善治良序;在人和国家的关系上就是政治文明,注重德法并治、人民民主。

功能意义上的中华民族现代文明,揭示的是其功能性存在。中国式现代化的文明观倡导文明进步评价标准的同一化(不是"双标")、评价主体的公正化(避免话语垄断)、评价方式的正义化(有利于人类进步)、评价话语的共识化（不是唯我独尊），防止借话语权而把文明异化为野蛮，反对借主导文明标准的制定而演化为帝国殖民扩张。鲍登指出，"'文明'……是一个既可以描述现实又能塑造现实的概念"，"'文明'这一术语的力量相当之大，既可以用于赞扬，亦可用于谴责"。

中国式现代化立足人类社会，创造出了中华民族现代文明，这是一种不同于传统西方文明、传统中华文明的人类文明新形态。它在实质上强调文明互学互鉴，推崇的是多元复数文明观，区别又高于"西方中心论"的单数文明观，是中国式现代化的文明存在。

## 三、民族特质：中国式现代化彰显中华民族的鲜明特质

中华文明具有民族性，体现了中华民族的特质。

西方所强调的现代化的一般样态、共性特点，或者剥离现代化的民族属性、民族特质且强调现代性，或者强调"种族优越论"，其实质是为"西方中心论"辩护。针对"西方中心论"的"种族优越论"，我们所强调的

### 文化何以重要
与大众谈新的文化生命体与中华民族现代文明

中国式现代化的民族特质,就是强调中华文明最能体现中华民族的突出特性。这是中国式现代化的民族性逻辑,主要回答中国式现代化的"根脉"问题。

马克斯·韦伯强调,民族国家是国家与民族的结合。在一般意义上,不同民族都具有成就各自特点的自然条件,如地理环境、语言文字;历史传承,如文化传统、道德习俗;社会状况,如经济实力、文化实力、政治影响等,这些因素的内在联系和综合作用必然造就一个国家不同的民族特性。作为"两个结合"的理论创新最新成果,中国式现代化的理论形态根植于中华民族深厚的文明沃土,引领谱写中华民族现代文明,致力于强国建设和民族复兴,从而赋予自身深刻而鲜明的中华民族文化特质和中华民族突出特性,成为中华文化和中国精神的现代化篇章。"中华优秀传统文化有很多重要元素","共同塑造出中华文明的突出特性"。[1] 习近平总书记在文化传承发展座谈会上的重要讲话,首次系统而深刻地阐明了中华文明具有突出的连续性、创新性、统一性、包容性、和平性等五个突出特性。这既是对中华文明突出

---

[1] 习近平:《在文化传承发展座谈会上的讲话》,《求是》2023年第17期。

特性的最新阐发,也是我们理解和把握中国式现代化之民族特质、民族底蕴的根本遵循。这里再从建构中国式现代化的理论形态角度,对中华文明的突出特性给予简要阐释。

生生不息的生命基因彰显中华民族突出的连续性。这是在历史进程意义上将中国式现代化置于人类发展的历史长河,在与其他现代化形态比较的意义上揭示中国式现代化所具有的强大生命力的民族之源。中国式现代化的生命源头和历史根基发源于中华民族的生产生活实践,这不仅体现在天然造就的地理环境所提供的防御外敌入侵的屏障,多子多福观念生成的规模化的人口资源所提供的维系社会生产的基本资源,与大自然和平共处形成的自然经济所提供的生存和生活资料,也体现在延绵不绝的礼教和宗法所维系的大一统政治社会及其超稳定的社会结构中。中国式现代化的生命养分和现实根基,来源于中华民族创造的丰厚充盈的文明成果。一脉相承的优秀文化基因,接续创造的博大文明成果,特别是在近代以来历代仁人志士探索基础上中国共产党带领全国人民创造的巨大物质财富和精神谱系,为中国式现代化提供了最为厚重坚实的支撑。因而,"中国式现代化是赓续古老文明的现代化,而不是消灭古老文明的现代化;是从中华大地长出来的现代化,不是照搬照抄其他国家的现代化;是文明更新的结果,不是文明断裂的产物"[1]。中国式现代化的生命精神和价值根基来源于马克思主义,植根于中华优秀传统文化。这主要体现在中华民族始终是一个自强不息、奋斗进取的文化生命体,"生于忧患,死于安乐"的民族忧患意识、走自己的路的民族自信精神、自强不息的民族奋斗意志等,是其鲜明表达和集中体现。因而,中华优秀传统文化中的宇宙观、天下观、社会观、道德观,是中国式现代化的重要思想资源,滋养了中国式现代化独特的世界观、价值观、历史观、文明观、民主观、生态观,赋予了中国式现代化以强大的历史自信和文化自信。

兼容并蓄的体系结构彰显中华民族突出的包容性。这是在体系性意义上,将中国式现代化置于人类思想演变的历史长河中,在与其他现代化形态之比较意义上,揭示中国式现代化所具有的鲜明体系性的民族之源。中国式现代化的理论形态在学科上贯通哲学、政治经济学、

---

[1] 习近平:《在文化传承发展座谈会上的讲话》,《求是》2023年第17期。

科学社会主义，在领域上覆盖经济、政治、文化、社会、生态、科技、军事、外交、党建等，在立场、观点、方法上相互支撑，从而形成科学的理论体系。这些都与多元民族文化、一体中华文化并存共处的中华民族文化历史，是一脉相承的。习近平总书记强调，"不断深化理论研究阐释，重点研究阐释我们党提出的新理念新论断中原理性理论成果，把握相互的内在联系，教育引导全党全国更好学习把握新时代中国特色社会主义思想的理论体系"[1]。当前最为迫切的一个重大课题，就是揭示和阐释中国式现代化的理论形态与中国特色社会主义理论体系、习近平新时代中国特色社会主义思想的内在联系，澄明认识和思想上的困惑。

返本开新的进步理念彰显中华民族突出的创新性。这是在创造性意义上，把中国式现代化置于人类社会发展的理论图谱中；在与其他现代化形态之比较意义上，揭示中国式现代化所具有的巨大创新性的民族之源。中国式现代化之所以能够取得巨大成就，能够成为人类实

---

[1] 《习近平在中共中央政治局第六次集体学习时强调 不断深化对党的理论创新的规律性认识 在新时代新征程上取得更为丰硕的理论创新成果》，《人民日报》2023年7月2日。

## 文化何以重要
### 与大众谈新的文化生命体与中华民族现代文明

现现代化的新的选择,能够开创中华民族现代文明,其中最为根本的,就是中国共产党始终传承返本开新的优秀文化传统,坚持"两个结合",大力推进实践创新和理论创新,不断推进和实现现代化理论的与时俱进。中华文化传承下来的很多神话传说、寓言故事、成语典故等,蕴含的就是中华民族的优秀品质和创新精神,如女娲补天、愚公移山、燧人取火、大禹治水、伏羲画卦、神农尝百草、盘古开天、精卫填海、夸父逐日、女娲造人、后羿射日、鹿女降龙、灶王爷救百姓等。

整体发展的价值追求彰显中华民族突出的统一性。中国式现代化的理论形态之价值取向的一个鲜明特点,就是十分注重差异格局中的统一性和共同性。在新时代,各个民族在实现社会主义现代化进程中共同走向物质生活共同富裕和精神生活共同富裕,就呼应了"我们致力于共同富裕,让每一个中国人都过上美好生活。摆脱贫困,是中华民族的千年梦想。共同富裕,是中国人民的共同期盼"[1]这种精神,也决定了中国式现代化必然得到中华大家庭各个民族的拥护和支持。

---

[1] 《习近平重要讲话单行本(2023年合订本)》,人民出版社2024年版,第67页。

和平发展的道路选择彰显中华民族突出的和平性。这不仅表达了中华民族自古就倡导的协和万邦、兼济天下、美美与共、世界大同的天下胸襟和情怀，也"从根本上决定了中国始终是世界和平的建设者、全球发展的贡献者、国际秩序的维护者"[①]。中国式现代化是走和平发展道路的现代化，就充分体现了这一点。

中华文明的突出特性体现了中华民族的鲜明特质，这种突出特性和鲜明特质又使中华民族进而使中国式现代化具有显著的民族优势，且在大力推进中国式现代化进程中创造性地内生出中华民族现代文明，进而使其成为人类文明的一种新形态。中国式现代化，是新中国成立以来尤其是改革开放以来的中国伟大实践进程中发展出来的，具有连续性；它区别并高于西方现代化，具有创新性；它是中国共产党领导的社会主义现代化，也与各国现代化具有共同特征，具有统一性；它不忘本来、吸收外来、面向未来，具有包容性；它走和平发展道路，具有和平性。

显然，它区别于"西方中心论"的"种族优越论"，

---

① 习近平：《在文化传承发展座谈会上的讲话》，《求是》2023年第17期。

是中国式现代化的民族性存在。

## 四、为他人性：中国式现代化在社会性的群己关系中注重他者

中华文明、中华民族现代文明之所以具有强大的生命力，中华民族之所以能成为世界上文明的、先进的、优秀的民族，其中一个深层的哲学原因，就在于中国哲学对人性、人的本质的科学理解。

针对"西方中心论"以物的依赖性为基础的人的独立性，且在群己关系中注重自我、为我的人性逻辑，中国式现代化实现了对西方现代化对人性理解的本质性超越。这集中体现为在社会性的群己关系中定义人性和人的本质，认为人的现实本质就是社会关系的总和，是在社会性的群己关系中注重他者。这是中国式现代化的人性逻辑，主要回答中国式现代化的人性基础问题。

习近平总书记明确指出，"现代化的本质是人的现代化"[1]。这一论断的深层理据，源于中国哲学对人的本质

---

[1] 习近平：《论"三农"工作》，中央文献出版社2022年版，第58页。

的理解。

中国哲学对人的理解区别又高于西方哲学对人的理解。西方哲学相对注重从自然本性和精神属性理解人，把人理解为单个个体，强调人之实体就是个人，较为注重作为自然人的自然属性（或生物本能）和精神属性，将基于生存的自然个人对物质、利益的占有与对自由、民主、人权的追求视为天经地义的，属于天赋人权，符合自然秩序，切合人的本性，进而把私有财产视作神圣不可侵犯，把追逐物质财富视作至高无上，把个人自由、民主视作天然权利，把实现自我价值视作人生的全部意义。于是，关于人的本性是自私、自保等利己主义理论就纷纷出场。这里的自我、为我，实质上是西方的人格化表达，是放大了的西方自我、西方为我。

中国哲学不否认人的自然属性，但更加注重人的社会性，注重人的社会关系，主张在整体性视域即在群体、社会关系中理解人的本质，坚持社会性、社会关系在人的本质规定中处于根本地位和首要位置，认为单纯将自然本性视为人的全部本性，势必将人等同于动物。人只有在一定的社会关系总和中才能成其为人，这意味着人的社会关系也是一种实体，要从人的社会关系总和中去理解和把握人的社会性,从人的社会性和整体性中理解和把握人及其本质。强调社会关系,意味着人在社会中首先注重为他。由此,中国哲学就往往从伦理关系、群体关系等方面理解和把握人及其本质,强调人是大写的人,是在社会性的群体性关系中成其为人的,是在创造社会价值中实现自我价值的,是在关怀他者中使其成为善者的。由此,人首先应注重其集体性,注重在群己关系中关怀他者。如中华传统文化中所注重的仁义礼智信、温良恭俭让,都是注重为他的规定和规范。这样来理解和把握人,显然比西方对人的理解要文明得多。

中国式现代化的本质特征,就是在各种关系及其为他关系中来定义和理解的。人口规模巨大的现代化,主要讲的是迈进现代化社会,中国人口规模和发达国家总人口规模的比较关系;全体人民共同富裕的现代化,主要讲的是所有中国人民在创造和分配财富上的关系;物质文明和精神文明相协调的现代化,主要讲的是物质文明和精神文明的关系;人与自然和谐共生的现代化,主要讲的是人与自然的关系;走和平发展道路的现代化,主要讲的是中国与世界其他国家之间的关系。

总之,中国式现代化不是"西方中心论"那种以自我为中心的利己主义的现代化，而是奉献自我、服务社会、关怀他者的现代化。这可称为为他本质观，是中国式现代化的人性存在。

## 五、国家治理：中国式现代化坚持动力、平衡和治理相统一

中国式现代化理论要求把道路多样、文明互鉴、民族特质、为他人性体现在具有总体性的现代国家治理上。

针对"西方中心论"主张社会进化所导致的"西方之乱"与世界困局（如世界的对立、冲突、分裂等），中国式现代化运用马克思主义社会基本矛盾理论，吸收并发展哲学的社会发展机制理论，强调国家治理现代化是现代化的题中之义，强调建设社会主义现代化要坚持动力、平衡和治理有机统一。这是中国式现代化的治理逻辑，主要回答中国式现代化的国家治理问题。

作为共性与个性内在统一的中国式现代化，必然要求构建中国式国家治理现代化的维度。这一维度强调现代化既是多线性的系统治理，也是一个有规律可循的社

会历史发展过程：从横向静态来讲，基于历史发展道路的多线性，注重对现代化系统各要素的战略性思考、全局性谋划、整体性推进，亦即注重全面协调、统筹兼顾、平等普惠，其中最主要的，就是必须体现中国式现代化的本质要求和重大原则；从纵向动态来说，这种规律坚持现代化发展的动力、平衡和治理相统一。就是说，它把中国式现代化的本质要求和重大原则所蕴含的注重战略性思考、全局性谋划、整体性推进，注重全面协调、统筹兼顾、平等普惠，都聚焦于坚持动力、平衡和治理相统一，并将其作为国家治理原则，全面贯彻到现代化建设的一切领域和现实进程中。坚持动力、平衡和治理相统一，蕴含着坚持效率和公平有机统一、动力和平衡有机统一，体现了中国式现代化的本质要求和重大原则，区别又高于"西方中心论"中的"社会进化论"。

中国式现代化的动力机制，是指现代化建设中的基础性、核心性要素的相互联系和作用所构成的动力系统及其作用机理，它试图解决现代化的动力、活力和效力问题，从而使现代化各要素、各方面和各领域充满发展动力和创新活力。依据马克思主义基本原理，生产力和生产关系的矛盾运动是人类社会发展的根本动力，科学技术、制度机制、阶级斗争等，是社会发展的重要动力。构建和完善中国式现代化的动力机制，主要解决的是解放和发展社会生产力，从而实现高质量发展。

中国式现代化的平衡机制，是指现代化各要素、各方面和各领域之间在系统上的协调、平衡、和谐，在运行上的稳定、有序及其作用机理。马克思主义科学描绘了未来理想社会的美好蓝图："这种共产主义……是人和自然界之间、人和人之间的矛盾的真正解决，是存在和本质、对象化和自我确证、自由和必然、个体和类之间的斗争的真正解决。"[①] 构建和完善中国式现代化的平衡机制，主要解决的是社会各要素的全面协调、统筹兼顾、公正和谐、稳定有序，使发展成果更多更公平惠及全体人民，最终达至团结奋斗、合作共赢、共同富裕。

中国式现代化的治理机制，是指现代化各要素、各方面和各领域之间的优化、配合及其作用机理。构建和完善中国式现代化的治理机制，主要解决的是生产关系和生产力、上层建筑和经济基础之间的不相适应，以及经济、政治、文化、社会、生态等领域体制不够完善问

---

① 《马克思恩格斯全集》第 3 卷，人民出版社 2002 年版，第 297 页。

题，既为现代化建设注入强大动力和创新活力，又促进现代化建设的平衡、和谐、稳定。

改革开放以来，我国之所以能够创造经济快速发展奇迹和社会长期稳定奇迹，就是因为不断推进国家治理体系和治理能力现代化，妥善处理现代化建设中改革、发展、稳定的关系。正确处理改革、发展、稳定的关系，既是我国改革开放和社会主义现代化建设的一条基本经验，也是中国特色社会主义建设所遵循的一个基本方法。发展与动力机制有关，稳定与平衡机制有关，改革本质上是一种治理机制，目的就是致力于解决好动力和平衡的有机统一问题。习近平总书记在学习贯彻党的二十大精神研讨班开班式上发表重要讲话强调，推进中国式现代化必须正确处理好效率与公平、活力与秩序等一系列重大关系。这正是我们党对正确处理改革、发展、稳定的关系的深化和拓展。

中国式现代化注重动力、平衡、治理相统一，区别又高于"西方中心论"的"社会进化论"，可称为国家治理观，是中国式现代化的国家性存在。

## 六、人民至上：中国式现代化坚持以人民为中心的发展思想

在中国，首先要坚持人民至上的价值观。

针对"西方中心论"的理性尺度或理性标准，中国式现代化在本质要求和重大原则上坚持人民至上、坚持以人民为中心的发展思想，强调检验中国式现代化成败得失的根本标准是人民标准。离开人民标准，其他都无从实现，也无从谈起。这是中国式现代化的人本或民本逻辑，主要回答中国式现代化的人民性问题。

"西方中心论"强调理性万能，理性具有唯一性、主体性、裁定性和统治性，认为理性是万事万物的最高尺度和评判标准，一切都要拿到理性的审判台上加以评判。这种万能理性，实质上就是西方至上、西方标准至上的本质体现，认为西方就代表万能理性，是万能理性的化身。

中国式现代化首先遵循现代化发展的普遍规律和一般逻辑，它没有脱离世界现代化进程、人类文明进程的发展轨道，这是中国式现代化具有真理性的一面。否则，

就没有资格称之为"现代化"。然而，在此基础上，中国式现代化是由中国人民能动创造和自主建构起来的，它在遵循现代化普遍规律的基础上，更注重坚持人民至上，坚持以人民为中心的发展思想，把实现人民对美好生活的向往作为现代化建设的出发点和落脚点。中国式现代化固然重视发挥资本的积极作用，但其遵循的根本逻辑并非资本逻辑，而是坚持人民至上，坚持以人民为中心的人本逻辑、民本逻辑。这种逻辑的核心内容就是：把人民当作主体，一切依靠人民；把人民当作目的，一切为了人民；把人民当作标准，坚持人民至上；把人民当作根基，牢牢扎根于人民。由此，中国式现代化把坚持中国共产党领导、坚持中国特色社会主义、实现高质量发展、发展全过程人民民主、丰富人民精神世界、实现全体人民共同富裕、促进人与自然和谐共生，作为中国式现代化的本质要求，把坚持以人民为中心的发展思想作为一个重大原则。中国式现代化的理论形态的真理性和人民性在其显著成效中得到了充分验证：中国式现代化的伟大实践，使党和国家事业取得了历史性成就，发生了历史性变革，也建构起行之有效的现代化的中国范式。这才是打破"现代化＝西方化"迷思的理论凭依和现实支撑，也是对西方现代化的根本超越。

中国式现代化把坚持真理性和人民性相统一的人民标准看作最高尺度，它具有本质性、判别性、主体性，强调一切都要拿到人民标准的评判台加以评判，认为只有坚持人民标准，才能真正实现中国式现代化。因而，可基于人民标准来引领中国式现代化，用人民标准检验中国式现代化推进和拓展的实效。

人民标准观区别又高于"西方中心论"的理性尺度观或理性标准观，是一种价值观，是中国式现代化的人民性存在。

## 七、共同价值：中国式现代化倡导弘扬全人类共同价值

现代国家治理在国际上倡导弘扬全人类共同价值。

全人类共同价值与西方"普世价值"有本质区别。"普世价值"既是一种哲学价值观，又是"西方中心论"所主张的一种资产阶级意识形态。

西方所谓的"普世价值"蕴含的是一种主客二元对

立的思维方式，它在本质上以我为主，把他者当作纯粹的客，而且是与我不平等的客，甚至是与我根本对立的客。因而，"普世价值"时常在一种以我（西方）为主、以我（西方）为中心的自我优越感中，不加掩饰地利用强制手段推行自己的价值理念。显然，这种主客二元对立的思维方式，奉行的是双重标准、单边主义。

"普世价值"的底层逻辑是，西方是"普世价值"的制定者、概念的定义者或解释者、世界的推广者、最终的裁定者；"普世价值"的具体内容是依据资本家、资产阶级的根本利益设置的。它凭借抽象的普遍性外表，向全世界输出和推广"普世价值"，在输出和推广过程中，西方掌握着定义和解释"普世价值"的话语权、裁定权。如果西方认为其他国家违背了"普世价值"，就会凭借抽象的道义或"美丽神话"对其围堵打压，甚至发动战争，其意图就是凭借所谓抽象的普遍性而获取其特殊利益。

"普世价值"实质上是资产阶级的意识形态，是为"西方中心论"服务的。其实质，就是用"普世价值"掩盖其价值观的本质。

中国式现代化倡导和平、发展、公平、正义、民主、自由的全人类共同价值，主要回答中国式现代化的价值基础问题。

全人类共同价值的提出，有其深厚的时代背景和依据。一是就世界而言，是全球化的深入发展。在全球化、信息化高度发展的今天，各个国家之间形成了"你中有我、我中有你"不可分割的生存与发展格局，人类命运已经不可抗拒地交织在一起。虽然各个国家在道路、制度、理论和文化等方面存在差异，但是合作、共赢、互利、互惠已成为大多数国家对外交往的目标与追求。二是就国内来说，中国特色社会主义进入新时代，中国站在了实现强起来的新的历史起点上。党的十八大以来，以习近平同志为核心的党中央勇立时代潮头，清醒认识世情、国情、党情，深刻把握世界发展趋势，坚持和发展中国特色社会主义，明确提出"中国共产党是为中国人民谋幸福的政党，也是为人类进步事业而奋斗的政党"[①]。

全人类共同价值的哲学基础，是人类社会而不是市民社会。市民社会强调的是个体、个人及其物质利益，人类社会强调的则是类。全人类共同价值，是人类社会处理人与自然、人与社会、人与人、人与自我等关系的

---

[①] 习近平：《论坚持推动构建人类命运共同体》，中央文献出版社2018年版，第490页。

共同价值准则，也是人类共同努力的方向。

"全人类共同价值"是关系概念，是在当今全球化不断深入发展的时代，各国在处理国内外，尤其是处理国家与国家之间关系时所应遵循的根本价值观念。全人类共同价值在中国对外关系、国家与国家之间关系上，体现在中国共产党不仅"是为中国人民谋幸福的政党，也是为人类进步事业而奋斗的政党"[1]。其实，这也是中国共产党作为马克思主义政党必然具有的品质。为人类谋进步，是中国共产党及其领导下的中华民族的伟大志向，为世界和平与发展、为人类进步事业提供了中国经验和中国方案，贡献了中国智慧和中国力量，它不但是中国共产党伟大使命与责任担当的鲜明彰显，也是全人类共同价值的重要体现。

全人类共同价值作为一种价值理念，区别且高于西方的"普世价值"。一是哲学根基不同。"普世价值"的哲学根基是主客对立、主统治客，全人类共同价值的哲学根基则是主主平等、普惠共赢。二是思维方式不同。"普世价值"是一种主客对立的思维方式，全人类共同

---

[1] 习近平：《论坚持推动构建人类命运共同体》，中央文献出版社2018年版，第490页。

价值则是一种主体际的思维方式，它强调主主平等。这种思维方式在把自己当作主体的同时，也把对方和他者当作主体，强调主体之间是平等的，双方在坚持其主体性的同时，也应当彼此尊重，寻求合作共赢的基础。因而，全人类共同价值是一种注重平等、强调对话、尊重人权的价值理念，是一种真正的主体间性思维方式。三是理论实质不同。"普世价值"实质上是资产阶级意识形态，是为"西方中心论"服务的，而全人类共同价值不否认文明差异和道路多样性，它是中国人民甚至是世界各国人民追求发展进步、走向互利共赢与和谐共生的精神支柱。四是理论基础不同。"普世价值"的理论基础是"西方中心论"，认为西方文明是人类文明发展的制高点，从而唯我独尊、排斥多元，强调其他落后国家或民族都应该走西方现代化的发展道路。全人类共同价值的理论基础则是文明互鉴论，认为每个国家或民族都有自己的发展历史，都有自己的独特文明，都有选择适合自己发展的道路或制度的权利和自由，各国之间应该求同存异、优势互补，在相互借鉴中求得共同进步。五是理论特点不同。"普世价值"具有很强的意识形态性，它虽然在历史上具有一定的积极作用，但自从西方文明异化为帝国文明之后，却被宣扬成甚至自诩为适合全人类的、具有"普世"性的永恒理论，甚至它还企图垄断国际话语权，强迫其他国家或民族接受其价值观，否定其他文明之价值存在的正当权利，因而"普世价值"带有强烈的独断论和话语霸权倾向。全人类共同价值则以其多样、统一、平等、共同、包容、互鉴等主张而彰显这样的道理：没有离开特殊的普遍，并不存在抽象的适合全人类的永恒价值，一切价值观念都是具体的、历史的，都必有其现实的文化载体，因而，应当在充分尊重特殊性和差异性的基础上寻求共同或普遍，应当客观认识并充分尊重每一种文明样态和价值观念存在的现实与必然。一句话，全人类共同价值更强调价值在实质内容、实现方式和实际效果上的普惠性。六是认识路线不同。"普世价值"注重用一般规约特殊，把一般作为前提，然后规范特殊；全人类共同价值则注重从特殊到一般，以特殊为前提，从特殊中抽象概括出一般。"普世价值"所讲的普遍是抽象的普遍，是外在的普遍，只强调共性而否定个性；全人类共同价值也讲普遍，但讲的是具体的普遍。七是实践导向不同。"普世价值"在实践上导致了西方的霸权主义和强权政治，导致了西方某些强国的殖民主义，导致了西方一些国家的掠夺性扩张行为,给世界许多国家的人民带来了灾难性后果;而全人类共同价值则在实践上提出和平共处五项原则,是互利共赢的开放战略,是构建人类命运共同体的伟大构想与实践行动,是共赢普惠。其本质要求是推动构建人类命运共同体、创造人类文明新形态,体现了全人类共同价值。全人类共同价值区别又高于"西方中心论"的"普世价值"观,是中国式现代化的价值存在。

## 八、人类命运:中国式现代化致力于构建人类命运共同体

针对西方现代化靠殖民掠夺起家,也针对"西方中心论"认为扩张霸权是天经地义地行使上帝旨意的"文明开化使命"的逻辑,中国明确宣示坚定不移走和平发展、合作共赢道路,积极构建人类命运共同体。这既是摆脱"西方中心论"困局的内在要求,也是走出"西方中心论"框架的必由之路,是中国式现代化的合作共赢逻辑,主要回答中国式现代化的普惠性问题。

## 文化何以重要
### 与大众谈新的文化生命体与中华民族现代文明

不可否认西方现代化的历史性贡献。然而，进入20世纪以来，整个世界陷入发展赤字、和平赤字、治理赤字和信任赤字的巨大困局之中。深究其根源，如果说作为"西方中心论"和西方文明哲学根基的主客对立是其哲学根源，作为西方文明精神源头的自由主义是其人性根源，那么，作为西方文明行动指南的对外扩张，则是其制度根源。简言之，是西方文明的哲学逻辑、人性逻辑、制度逻辑出了问题。如何寻求世界发展的再生之路？人类进步的取向、世界发展的呼声、国际秩序的重建，呼唤新的现代化理论和新的人类文明形态。

作为中国式现代化本质要求之一的推动构建人类命运共同体，能为破解人类发展难题、重建世界秩序提供科学理论指导。构建人类命运共同体，一是以利益共同体为首要内容。它倡导和践行正确义利观，致力于破除"社会达尔文主义"的世界秩序法则，积极参与全球治理体系改革和建设，改变不公正、不合理的现行国际秩序，注重构建和平共处、均衡发展的新型大国关系，强化维护发展中国家的共同利益。二是以构建价值共同体为价值追求。倡导和践行和平、发展、公平、正义、民主、自由的全人类共同价值，着力消除不同社会形态在制度和价值理念上的隔膜，合理管控意识形态分歧，凝聚价值共识、夯实价值认同。三是以发展共同体为实践路径。倡导和践行共建、共享、共赢，在现代化建设实践上注重以协调与合作的方式共同将全人类"蛋糕"做大，在现代化成果分配上注重以权利平等、机会平等、规则平等的方式，让现代化成果更多更公平惠及各国人民，在现代化思维方式上注重以双赢、多赢、共赢的方式摒弃和超越零和博弈，走出一条在开放中实现共同发展的新路。四是以安全共同体为行动保障。倡导和践行共治、共商、共处，在现代化建设环境上超越和避免"修昔底德陷阱"，这是和平发展的题中之义。它通过建立化解矛盾、消弭冲突的机制和手段，努力构建相互尊重、合作共赢的新型伙伴关系。

构建人类命运共同体理念作为超越"西方中心论"的世界秩序且重建世界新格局的重大理念，内在蕴含追求多样性、平等性、包容性、普惠性的中华民族现代文明的基本旨趣，展示了中国式现代化的世界愿景。中国古代的"华夏中心论"不可取，西方近代流变至今的"西方中心论"也不符合时代潮流。中国式现代化是中国共产党领导的现代化，为中国人民谋幸福、为中华民族谋复兴的中国共产党，也是为人类谋进步、为世界谋大同的政党，中国式现代化是社会主义的现代化，科学社会主义主张站在人民、人类的立场上，坚持走全人类自由解放的社会发展道路，构建人类命运共同体是科学社会主义的崇高追求的生动彰显；中国式现代化是从中华大地上生长出来的现代化，中华优秀传统文化是中国式现代化的思想源头和精神基因，构建人类命运共同体是中华民族现代文明独特世界观、文明观的生动实践。

构建人类命运共同体站在人类真理和道义的制高点上，是化解世界冲突、管控国家分歧的"定海神针"，是引导经济全球化走向的中国方案，它从根本上区别于"西方中心论"的"文明开化使命论"，是中国式现代化的普惠性存在。

## 九、世界贡献：中国式现代化为人类实现现代化提供新的选择

"西方中心论"为给西方现代化所导致的世界困局作辩护，竭力制造并贩卖许多"美丽神话"，认为西方现

代化是为了实现人类的普遍利益。

中国式现代化揭露了西方现代化通过战争、殖民、掠夺等方式实现现代化的野蛮基因和逻辑，认为那是一种损人利己、充满血腥罪恶的老路，给广大发展中国家人民带来深重苦难，因而破除了"西方中心论"这个"美丽神话"。中国式现代化为人类实现现代化作出了中国贡献，回答了中国式现代化能为人类和世界贡献什么的问题。

中国能为世界贡献什么？这是中国思想家梁漱溟、英国历史学家汤因比之问，也是毛泽东最为关切的一个重大问题。梁漱溟和汤因比都曾问，中国以什么贡献给世界？毛泽东说，中国应当对人类有较大的贡献。《中共中央关于党的百年奋斗重大成就和历史经验的决议》强调，中国特色社会主义新时代是我国不断为人类作出更大贡献的时代。今天我们可以自信地说：新时代中国从实践上为人类实现现代化贡献了中国式现代化这一典型的中国样本。

中国式现代化为人类实现现代化提供了新的选择。过去有人认为，只要搞现代化就必须走西方现代化这条唯一的道路。中国式现代化在世界上的成功，破除了

### 文化何以重要
与大众谈新的文化生命体与中华民族现代文明

"现代化＝西方化"的迷思，使人们看到"条条大路通罗马"，即通向现代化的道路有很多条，中国式现代化是其中最为重要的一条。

中国式现代化创造了人类文明新形态。近代西方文明曾在世界历史上发挥过积极推动作用，它使民族历史成为世界历史。然而，自从西方把西方文明演变为一元帝国文明，西方文明就蕴含着异化为野蛮的基因和逻辑，这种帝国文明因哲学根基为主客对立，从而把整个人类带入了歧途乃至深渊。中国式现代化创造的人类文明新形态，是一种以主主平等普惠为哲学根基的人本文明、民本文明、全要素文明、和合普惠文明，这样的文明为人类实现现代化指明了光明前景。

中国式现代化要使 14 亿多人口整体迈进现代化社会。它不仅解决了占世界总人口 1/5 的贫困问题，也为世界提供了广阔的市场发展空间，这是对世界的生存性贡献和经济贡献；中国式现代化是实现全体人民共同富裕的现代化，它不仅为发展中国家走向现代化提供了新的途径，也为人类实现以人为本的现代化提供了新的选择，这是对世界的道义性贡献和稳定性贡献；中国式现代化是物质文明和精神文明相协调的现代化，它不仅推进整个社会全面协调发展，而且彰显社会主义制度的优越性，这是对世界的发展性贡献和制度性贡献；中国式现代化是人与自然和谐共生的现代化，它不仅能使人们在美丽的环境中工作和生活，而且也保护了人类的生存家园，这是对世界的绿色贡献和文明性贡献；中国式现代化是走和平发展道路的现代化，不仅有助于维护广大发展中国家人民的生存权利和发展权利，而且有利于维护世界和平，这是对世界的人类性贡献与和平性贡献；中国式现代化还为创新发展 21 世纪马克思主义奠定了基础、提供了基石，它是创新发展 21 世纪马克思主义的立足点，这是对世界的理论性贡献。

这些贡献蕴含着包容、利他、平等、统一、和谐、普惠的基因和逻辑，因此，中国式现代化能真正创造人类文明及人类文明新形态。由此，我们一定要讲好中国式现代化为人类实现现代化提供新的选择的叙事和故事。

这可称为"世界贡献论"，区别于"西方中心论"的"美丽神话论"，是中国式现代化的世界性存在。

## 十、普惠哲学：中国式现代化倡导主主平等普惠的哲学

西方现代化宣称该模式具有唯一性、普遍性、普适性，它凭依的是西方哲学特别是近代西方哲学万能理性或绝对精神生长出来的主客对立的思维逻辑。

中国式现代化针对西方现代化，尤其是"西方中心论"主客对立的哲学根基，强调主体发展、平等发展、和谐发展、全面发展、共同发展，凭依的是中华优秀传统文化天下大同、大同社会与马克思主义的真正的共同体，自由人联合体生长出来的主主平等、共建共享的思维逻辑。因此，中国式现代化的哲学根基，集中体现为矢志追求的主主平等普惠。这是中国式现代化的哲学逻辑，主要回答中国式现代化的哲学根基问题。这种主主平等普惠的哲学何以存在？

哲学是时代精神的精华。考察西方现代化时代、实践和理论三大逻辑的历史演进可以看出，西方文明注重用"一"的理性思维法则为现实物质世界建构同质性的秩序。在世界历史进程和全球版图中，世界现代化的核

心理念和实践运动肇始于西方特别是美欧是个不争的事实,"现代化"成为文明标识和经典话语,也与西方现代化所创造的历史贡献、文明成果密不可分,现代化成为世界潮流与各国的共同使命乃至首要选择更是不容否认。然而,先发并不意味着唯一正确,更不意味着是绝对真理;先天优势也不代表不需要反思,更不代表人间正道。伴随人类社会走进21世纪,特别是西方现代化模式带来的"西方之乱"与中国式现代化带来的"中国之治"的鲜明对比,中国式现代化已经逐渐走出"东方从属于西方"框架且成为世界现代化体系和格局中的新锐力量、新的趋向。

基于对人类文明历史演进和现实语境的深刻洞悉,围绕正确理解、系统把握中国式现代化的理论形态所蕴含的世界观和方法论,习近平总书记强调:"中国式现代化,深深植根于中华优秀传统文化,体现科学社会主义的先进本质,借鉴吸收一切人类优秀文明成果,代表人类文明进步的发展方向,展现了不同于西方现代化模式的新图景,是一种全新的人类文明形态。"[1] 这表明,在哲

---

[1] 《习近平在学习贯彻党的二十大精神研讨班开班式上发表重要讲话强调 正确理解和大力推进中国式现代化》,《人民日报》2023年2月8日。

学根基上,中华优秀传统文化特别是中国哲学,可以称为一种有机整体,它认为宇宙的一切都是相互依存、相互联系的,每一事物都是在与他物的关系中显现其存在和价值,因而,人与自然、人与人、文化与文化之间应当建立起和谐共生关系。在中国式现代化的"魂脉"层面,科学社会主义的先进本质在于其马克思主义哲学的基础。马克思主义哲学在对西方现代化、"西方中心论"的主客对立哲学根基及其思维逻辑展开深刻批判的同时进行革命性改造,致力于构建真正的共同体或自由人联合体。其崇高的历史使命和价值追求,就是批判和颠覆理性形而上学而走向唯物主义历史观,批判和破除资本逻辑而走向人本逻辑,促进人在精神和物质上的双重解放,将全人类解放、无产阶级解放和每个人自由而全面发展写在自己的旗帜上。从马克思主义哲学到当代中国马克思主义哲学,都注重为中国现实社会建构一种良性秩序,为其确定作为根基的哲学基础。在中国式现代化的文明层面,西方文明固然对推进人类进步和人类文明产生重大影响、作出历史性贡献,但奠基于"西方中心论"理论体系和话语体系之上的西方现代化,必然遵循主客对立、主统治客的思维逻辑和行动逻辑,进而往往以文明之名对所谓"不文明"的民族或国家堂而皇之地进行殖民扩张，或武装干涉，或颠覆政权。中国式现代化则以开放包容的文明心态、共建共享的行动姿态，注重借鉴吸收人类文明一切优秀成果。全体人民共同富裕的现代化彰显着发展成果上的主主平等，应当从权利和制度上保证每个人都能享有发展成果；物质文明和精神文明相协调的现代化意味着二者在发展机会和内容上的主主平等，应当从布局上保证人的身心和谐；人与自然和谐共生的现代化昭示着人与自然在物质、信息、能量交换上的主主平等，应当从交换上保证人与自然的和谐共生；走和平发展道路的现代化强调世界各国不论强弱大小，应在发展权利、机会和规则上达到主主平等，应当从规则上保证每个国家和民族都享有发展主权和机会。

哲学根基或哲学范式不同，不仅决定了现代化的理论形态和理论体系有本质差别，也决定了两种现代化模式的现实运动、实践道路及其历史命运有差别。主主平等普惠之哲学范式，既反映了中国特色社会主义发展的历史逻辑，又体现了中国式现代化注重主体性、平等性、普惠性的现实逻辑，还彰显了习近平新时代中国特色社会主义思想的理论逻辑。这可称为"普惠哲学论"，区别又高于"西方中心论"的"主客对立论",是中国式现代化的哲学存在。

直面且针对"西方中心论"所谓的线性道路、单数文明、种族优越、为我人性、社会进化、"普世价值"、理性尺度、开化使命、"美丽神话"和唯一哲学,上述笔者所阐述的道路多样、文明互鉴、民族特质、为他人性、国家治理、人民至上、共同价值、人类命运、世界贡献和普惠哲学等十大要素,是一个环环相扣、步步深入、逻辑严密的系统整体:中国式现代化在历史观、现代化观上坚持道路多样。道路多样必然内生出复数文明,主张文明互鉴。中华文明、中华民族现代文明彰显出中华民族的鲜明特质和显著优势,植根于为他人性之中。中华文明、中华民族特质、为他人性体现在具有总体性的现代国家治理现代化中,内在要求坚持动力、平衡和治理相统一。上述共有的本质特征,包括国家治理现代化,在总体上,在中国,就要坚持人民至上的价值观;在国际上,就要倡导弘扬全人类共同价值。人民至上的价值观和全人类共同价值内在要求携手共建人类命运共同体。这实质上就是中国式现代化为人类实现现代化提供的新的选择,是中国对解决"世界向何处去"问题作出的世界贡献。上述内容的哲学基础，就是主主平等普惠。

建构新时代中国自主知识体系可以从许多维度入手，但最为根本的是应立足于中国式现代化实践经验和理论形态，当然还要立足于新的文化生命体。上述十大要素，实际上就是新时代建构中国自主知识体系的立足点与内核，是建构新时代中国自主知识体系的标识性范畴，我们应基于或围绕这些核心要素、标识性范畴，来拓展性地建构新时代中国自主知识体系。

## 第九章 走出『东方从属于西方』的框架

提出新的文化生命体,建设中国式现代化的文化形态和中华民族现代文明,肩负起新的文化使命,建构新时代中国自主知识体系,其实质就是走出"东方从属于西方"的框架,确立中华民族的文化主体性。

"在五千多年中华文明深厚基础上开辟和发展中国特色社会主义,把马克思主义基本原理同中国具体实际、同中华优秀传统文化相结合是必由之路。"[①]厘清"两个结合"的内在逻辑,探究其如何实现对"西方中心论"的超越和走出"东方从属于西方"的框架,继而如何彰显中华民族的文化主体性的意义,是深入学习贯彻习近平文化思想的必然要求。

---

① 习近平:《在文化传承发展座谈会上的讲话》,《求是》2023年第17期。

# 第九章 走出"东方从属于西方"的框架

## 一、"两个结合"有其内在逻辑

党的二十大报告指出:"只有把马克思主义基本原理同中国具体实际相结合、同中华优秀传统文化相结合,坚持运用辩证唯物主义和历史唯物主义,才能正确回答时代和实践提出的重大问题,才能始终保持马克思主义的蓬勃生机和旺盛活力。"[1]可见,"两个结合"是推进马克思主义中国化时代化的必然途径。"两个结合"由"第一个结合"和"第二个结合"两个环节共同构成,这两个环节之间有其深刻的内在逻辑,是既相互联系又各有侧重的辩证统一体。

"两个结合"各有侧重。首先,从内涵上看,"两个结合"具有不同方面的指向。"第一个结合"指向中国具体实际,表征理论与实际相结合,是将马克思主义基本原理用于指导中国具体实际并形成符合中国具体实际的科学理论。我们需要马克思主义的本本,"但是一定要纠正脱离实际情况的本本主义"[2]。"第二个结合"则指

---

[1] 习近平:《高举中国特色社会主义伟大旗帜 为全面建设社会主义现代化国家而团结奋斗——在中国共产党第二十次全国代表大会上的报告》,人民出版社2022年版,第17页。
[2] 《毛泽东选集》第1卷,人民出版社1991年版,第112页。

**文化何以重要**
与大众谈新的文化生命体与中华民族现代文明

向中华优秀传统文化,表征理论与文化相融合,是马克思主义基本原理同中华优秀传统文化相互激活、联通互鉴、彼此印证的过程。马克思主义只有植根于本国、本民族的历史文化沃土,才能真正"化"入中国人民的日常生活,"进"入中国的现实,不断赋予科学理论以鲜明的中国特色,夯实马克思主义中国化时代化的历史基础和群众基础,使马克思主义在中国拥有强大生命力。其次,从着眼点看,"两个结合"侧重于不同层面。"第一个结合"侧重于实践与实践创新,主要着眼于用中国道路解决社会主要矛盾和中国问题。马克思主义无疑是科学真理,但"这些原理的实际运用,正如《宣言》中所说的,随时随地都要以当时的历史条件为转移"[1]。针对不同历史时期的中国具体实际,我们党始终坚持"第一个结合",取得了各个历史阶段的伟大胜利,推动实现中华民族伟大复兴进入了不可逆转的历史进程;"第二个结合"则相对注重理论与理论创新,主要聚焦于解决同属于思想文化领域认识成果的马克思主义理论和中华民族文化形态的理论创新问题。实践没有止境,理论创新也

---

[1] 《马克思恩格斯选集》第 1 卷,人民出版社 2012 年版,第 376 页。

没有止境。马克思主义和中华优秀传统文化之所以能够指导实践、发挥作用,根源于其自身与时俱进的创新力。"第二个结合"的提出就是深入挖掘两大理论的深刻内涵,激活各自的基因,把"死"的变成"活"的,以理论创新推动实践发展。

"两个结合"不可分割。"两个结合",你中有我、我中有你,相辅相成、相互成就,是紧密联系的统一体。首先,"两个结合"具有共同的立足点即马克思主义基本原理,都以坚持和发展马克思主义为目标追求。"中国共产党为什么能,中国特色社会主义为什么好,归根到底是马克思主义行,是中国化时代化的马克思主义行。"[1] 马克思主义行、中国化时代化的马克思主义行,从根本上说是马克思主义基本原理行,是"两个结合"行。马克思主义基本原理以实践为基石,找到了社会基本矛盾,找到了社会发展的根本动力和基本规律,是关于社会历史发展的科学理论。"两个结合"致力于用马克思主义之"矢"射中国之"的",这使我们站在历史正确一

---

[1] 习近平:《高举中国特色社会主义伟大旗帜 为全面建设社会主义现代化国家而团结奋斗——在中国共产党第二十次全国代表大会上的报告》,人民出版社 2022 年版,第 16 页。

边，掌握历史主动。坚持和发展马克思主义并使之中国化时代化，就必须坚持"两个结合"。其次，"第一个结合"是"第二个结合"的基础和前提，"第二个结合"内生于"第一个结合"，是"第一个结合"在新时代的必然延展。"第一个结合"是更具根本性的方面，没有"第一个结合"就没有"第二个结合"，因为新时代的中国具体实际，实际上已经充分彰显了中华优秀传统文化的时代价值和世界意义。同时，中华优秀传统文化是中华民族的根，是我们最深厚的文化基因，与马克思主义具有基因契合性和价值一致性，是马克思主义基本原理在中国落地生根的文化基础、文化土壤。因此，我们必须把"两个结合"结合起来理解，不能离开"第一个结合"过度强调"第二个结合"，也不能只注重"第一个结合"而轻视"第二个结合"，要在坚持"第一个结合"的基础上推进中华优秀传统文化的创造性转化和创新性发展，实现理论与实践的结合。

# 二、"两个结合"力在走出"东方从属于西方"的框架

西方率先开启了世界现代化潮流和运动，占据世界现代化进程的先在优势，这种先在优势在资本逻辑推动下，进一步催化出"西方中心论"，从而建构了"东方从属于西方"的框架。"两个结合"旨在从哲学维度、历史维度、关系维度、空间维度实现对"西方中心论"的超越，走出既定现代化框架，破除只有遵循西方现代化模式才能实现现代化的迷思。

## （一）框架："西方中心论"及其建构逻辑

欧洲的宗教改革、文艺复兴、启蒙运动和工业革命开启了西方现代化运动和潮流，极具世界历史意义，也由此建构起"东方从属于西方"的框架。这一框架力求改变这个世界，由此把世界各国都卷入现代化的潮流之中，把民族历史、地域历史转变为世界历史，现代化成为世界各国共同的命运。从这个意义上应该充分肯定，西方现代化较大程度推进了人类进步和人类文明的发展。然而，在"东方从属于西方"的框架中，在资本主义演

化为帝国主义的历史进程中,西方文化逐渐转化为帝国文明,建构起了"西方中心论"的理论体系和话语体系。

线性道路——强调西方现代化道路及其现代性具有强烈的历史意识和时间意识,内蕴历史的连续性、进步性与时间的不可逆性,以及历史发展道路的单线性。正如《共产党宣言》中所说,"资产阶级在它的不到一百年的阶级统治中所创造的生产力,比过去一切世代创造的全部生产力还要多,还要大"[①],西方现代化道路蕴含的理性和解放、自由和民主、工业和市场、市民社会和个人利益等,也是现代化历史和文明历史上的进步。这种进步遮蔽了后发国家道路和文明的独特性,西方现代化道路由此被解释成世界现代化的唯一道路,西方地域文明被解释成普遍文明,后发国家必须完全遵循西方设定的现代化道路和文明模式才能实现现代化。这实质上是推崇线性历史进步观和唯西世界史观,构成"西方中心论"的道路存在。

单数文明——西方文明是建立在以理性和解放、自由和民主、工业和市场、市民社会和个人利益为核心理

---

① 《马克思恩格斯文集》第2卷,人民出版社2009年版,第36页。

念的线性历史进步观和"西方中心论"基础上的，后者是西方文明的立足点。单线性道路决定了西方文明必然是单数一元文明观。换言之，在他们看来，文明的主体唯有一个，那就是西方。文明只属于西方，西方文明以外的文明都是愚昧的、野蛮的。西方认为西方文明是最高的、绝对的唯一，具有最高的文化主体性和文明解释权。这种单数一元文明观的实质是"西方中心论"的帝国文明观，具有把文明异化为野蛮的逻辑和基因，构成"西方中心论"的文明存在。

种族优越——单数文明伴生而来的是西方民族巨大的种族优越感。他们认为西方种族作为西方文明主体的承担者是世界上最先进、最有智慧、最优秀的种族，具有充分的文明宰制权，并由此推行种族层面的"西方中心论"。世界被划分为西方世界与非西方世界。西方世界的种族是主，非西方世界的种族是客，主必须统治客，借此以求确立西方在整个世界体系中的主宰地位。其实质是西方种族优越观，构成"西方中心论"的种族存在。

为我人性——为把理性和解放、自由和民主、工业和市场解释为世界文明史上的最大进步，于是"西方中心论"开始从人性上为其提供辩护和论证，即强调人的

**文化何以重要**
与大众谈新的文化生命体与中华民族现代文明

本质是实体个人，而实体个人的本性就是追求自我原初的物质利益与自由、民主等。由此衍生出私有财产神圣不可侵犯这一极具自我意识的利益观，抑或人性观。个人作为实体性、主体性的为我存在，在追求物质财富和占有私有财产中，能够找到自我价值，因而应确立为我的物质利益与个人自由、民主的至高无上性。于是，涌现出大批利己主义者。这种人性观构成"西方中心论"的人性存在。

社会进化——把生物进化论这一动物界的法则引入社会历史领域。他们认为西方现代性模式作为文明理念，需全面贯彻到社会领域。在现代化过程中，经济现代化是西方资本主义市场经济的存在并主导；政治领域是世俗政治权力的确立及其合法化及西方民主的存在；文化领域是宗教衰微与功利、自由文化的兴起；社会领域是世俗化、城市化。由此表现出世界现代化进程中西方社会完全受控于生物进化论，自恃已功，恃强凌弱。在他们看来，整个社会或者整个世界是不可能以和平发展、合作共赢实现现代化的，而只能诉诸矛盾、冲突和战争、枪炮，由此构成"西方中心论"的社会存在。

"普世价值"——单数文明的文明观和种族优越的种

族观必然催生出看似文明实际野蛮的价值观念。为证明其文明和种族的优越性,同认为世界上存在最高文明和最优越种族一样,世界上也存在放之四海而皆准的价值观念,也就是他们所谓的以自由、民主、法治、人权等为核心的"普世价值"。在他们看来,人作为为我人性的存在,以追求自身利益为目标,为了保证这种抽象存在,自由、民主、法治、人权等就成为他们保护自身利益的价值工具。这种"普世价值论"构成"西方中心论"的价值存在。

理性尺度——"西方中心论"所推崇的自我个性、自由民主等"普世价值"均需落脚到理性上。在"西方中心论"者那里,"一切都必须在理性的法庭面前为自己的存在作辩护或者放弃存在的权利"[1]。他们认为理性是统一社会模式和秩序的维护者,强调理性是最高尺度,主张把一切都拿到理性的审判台来加以评判。西方国家则可依据理性制定具有控制世界最高权力的世界标准,如现代化标准等,并用这些标准裁量非西方国家和民族。在标榜理性的基础上,现代化、文明化被等同于西方化,

---

[1] 《马克思恩格斯全集》第25卷,人民出版社2001年版,第371页。

由此构成"西方中心论"的理性存在。

开化使命——西方国家和民族标榜自身文明为最先进的文明，而非西方国家和民族皆处于蒙昧的、野蛮的、未开化的状态。西方世界为了将这些非西方国家和民族从非文明状态中"解救"出来，于是就从"上帝"那里找到了名为"解救"实为殖民扩张的旨意，而他们需要行使"上帝"旨意的"文化开化使命"。在使命行使过程中，倘若遇到野蛮国家、民族反抗，他们便理所当然地对其诉诸暴力或战争。可见，"上帝使命"实质是为其殖民扩张行径看起来合法或正当而进行的辩护，从而构成"西方中心论"的合法性存在。

"美丽神话"——西方的单数文明、种族优越、为我人性、社会进化、"普世价值"、理性尺度、开化使命等，在某种程度上都蕴含着利己、对立、扩张和冲突的基因，文明也就因此异化为野蛮。西方为遮蔽其野蛮本质，就制造出诸多"美丽神话"。他们宣称，西方所做的一切都是为了将人类从蒙昧的状态中解放出来，都是在行使"文明开化使命"，从而在意识形态层面为资本主义统治整个世界提供论证，构成"西方中心论"的意识形态存在。

唯一哲学——从古希腊的本体论哲学一直到黑格尔的形而上哲学，都注重用思维法则为现实世界建构同质性的秩序，在万事万物中找那个最高的"一"，用"一"解释"多"。在黑格尔那里，这个"一"就表现为神秘的绝对精神。它是最高的目的，具有最高的权威性、最强的统治力，是统治现实世界的绝对的终极存在，具有操控一切并使一切发生变化的魔力。这就是"西方中心论"的哲学根基，可称为唯一哲学观或理性形而上世界观，构成"西方中心论"的哲学存在。

总而言之，这种"西方中心论"的总体逻辑，就是把世界唯西化，把西方唯一化，把唯一统一化，把统一统治化，若不服从统治就打压。其实质，就是把进步化为中心、把特殊说成普遍、把西方当成世界、把文化等同于文明、把现代化等同于西方化，由此建构出西方所谓的基于规则的秩序。用大众化语言来表达这种秩序就是：我好—我最好—你不好—听我的—不听就打（压）。在这样的总体逻辑框架下，经济增长动能不足、社会发展失衡、全球治理滞后、各国之间缺乏信任等一系列问题层出不穷，不同文明之间呈现出隔阂而非交流、冲突而非互鉴、优越而非共存的现实境况和未来态势。世界怎么了、我们怎么办？或许能从"两个结合"中找到答案。

## （二）破局：走出"东方从属于西方"的框架

"西方中心论"的建构逻辑只能生成西方资本型文化、单向度文化、殖民扩张式文化，成为人类文明发展的桎梏。"两个结合"力在从哲学维度、历史维度、关系维度、空间维度解构"西方中心论"理论体系和话语体系，走出"东方从属于西方"的框架，继而建构基于中国具体实际、内蕴中华优秀传统文化的中国式现代化理论体系和中华民族现代文明，为发展人类文明新形态作出重要贡献。

从哲学维度讲，马克思主义是"两个结合"的理论基点。在马克思看来，文化和文明是社会生产方式在意识形态上的映现，资本主义文明作为人类文明发展链条中的一个阶段，其哲学根基是主客对立，因而其自身存在着不可调和的生产力与生产关系的矛盾，正是这种不可调和的矛盾决定了其标榜正义（实为非正义性质）的文明本质，揭示了其必然走向历史的背面，必然被更高级的文明形式所取代。区别于西方的一元主导文明，中华民族现代文明在哲学根基上始终坚持多样统一、主主平等、和合普惠的多元共赢文明，强调人类文明的多样性、独特性、平等性和普惠性，强调世界各国要遵循现代化发展和人类发展的一般规律，注重世界各国在现代化道路选择和人类文明发展问题上的平等互鉴，属于本源性意义上的人类文明形态。

从历史维度讲，区别于西方工业化进程中无限追逐资本利益的物质主义极度膨胀的单向度文明，中华民族现代文明注重物质文明、政治文明、精神文明、社会文明、生态文明相协调，是一种全要素文明形态。它将以实现高质量发展为核心的物质文明、以发展全过程人民民主为核心的政治文明、以丰富人民精神世界为核心的精神文明、以实现全体人民共同富裕为核心的社会文明和以促进人与自然和谐共生为核心的生态文明统合为一体，推动实现人类文明形态全方位协调发展。

从关系维度讲，区别于资本主义社会资本至上、两极分化的资本文明，在马克思主义人民至上根本立场和民为邦本中华优秀传统文化民本思想的结合下，中华民族现代文明是一种真正的社会主义人本文明和中国特色社会主义民本文明，是真正实现物的理性向人的理性、物的逻辑向人的逻辑复归的文明。中华民族现代文明主张全体人民共同富裕，坚持发展为了人民、发展依靠人民、发展成果由人民共享，始终以满足人民美好生活需要为经济社会发展目标，以经济高质量发展保障民生大计，实现两者的并行不悖、互促互构。

从空间维度讲，"两个结合"蕴含着马克思主义共同体思想和中华优秀传统文化协和万邦、兼济天下、世界大同、亲仁善邻等和谐理念。区别于"西方中心论"生成的狭隘民族主义、殖民扩张的地域性文明，中国式现代化实践和中华民族现代文明创造出人类和合文明，这一文明以世界多样性统一为现实根基，以坚持系统观念、胸怀天下为世界观方法论，以建设利益共同体、价值共同体、安全共同体、合作共同体等为核心内容，强调坚持走和平发展道路，弘扬和平、发展、公平、正义、民主、自由的全人类共同价值，秉持构建人类命运共同体理念，以文明共存超越了"西方中心论"的单数文明、种族优越和"普世价值"。

## 三、"第二个结合"致力于确立中华民族文化主体性和党的文化领导权

习近平总书记在文化传承发展座谈会上的讲话中强调:"'第二个结合',是我们党对马克思主义中国化时代化历史经验的深刻总结,是对中华文明发展规律的深刻把握,表明我们党对中国道路、理论、制度的认识达到了新高度,表明我们党的历史自信、文化自信达到了新高度,表明我们党在传承中华优秀传统文化中推进文化创新的自觉性达到了新高度。"[1] "第二个结合"遵循层层递进的演化逻辑,发挥着巩固中华民族文化主体性和党对文化领导权的功用效果和价值意义。有以下几个环节:

第一个环节——新时代的中国具体实际充分彰显了中华优秀传统文化的时代价值和世界意义。文化作为思想的主要表现形式,潜藏着不容忽视的能量。

首先,建设文化强国、建设中华民族现代文明必须坚定文化自信,在创造性转化和创新性发展中使中华优

---

[1] 习近平:《在文化传承发展座谈会上的讲话》,《求是》2023年第17期。

秀传统文化焕发新的生机活力，从而使之契合强国建设、民族复兴的需要。

其次，新时代和平发展、合作共赢的倡议充分表征了中华优秀传统文化的世界意义。和平发展、合作共赢是中国具体实际的国际延展。中华优秀传统文化蕴含着极为丰富的协和万邦、兼济天下、世界大同、亲仁善邻等思想资源，为和平发展、合作共赢提供了坚实的思想支撑和理论论证。

最后，新时代在丰富人民精神世界、增强人民精神方面的实践充分体现了中华优秀传统文化的时代价值。精神文明建设是现代化建设的重要方面，中国式现代化始终强调物质文明和精神文明相协调。中华优秀传统文化中蕴含的仁义礼智信、温良恭俭让及修身、齐家、治国、平天下等伦理原则，能建构出中国人民精神世界的秩序，充分彰显出其在丰富人民精神世界、增强人民精神力量方面的当代价值。

第二个环节——"两脉"，即马克思主义的"魂脉"和中华优秀传统文化的"根脉"。习近平总书记强调："马克思主义中国化时代化这个重大命题本身就决定，我们决不能抛弃马克思主义这个魂脉，决不能抛弃中华优秀传统文化这个根脉。"[1]"根脉"和"魂脉"是理论创新必须坚守的,也是深刻理解"两个结合"思想必须把握的脉络。

其一,马克思主义是我们立党立国、兴党兴国的根本指导思想。可以说,中国共产党的历史就是一部不断推进马克思主义中国化时代化的历史。马克思主义是我们党历经百年沧桑奋斗得出的颠扑不破的真理,是中国共产党人之魂,也是中国式现代化建设之魂,因而在任何情况下都必须坚持。

其二,"根脉"具有"根基""根本"的意义,根深才能叶茂。将中华优秀传统文化从中国具体实际中相对独立出来,将其定义为"根脉",与马克思主义并提,提升了中华优秀传统文化的时代地位和价值,克服了过去那种"重马轻中"、厚今薄古的倾向。

第三个环节——"两脉"具有高度的契合性。这种契合性具体体现在以下几个方面。

在价值观主张上具有契合性。如真正共同体与天下

---

[1] 《习近平在中共中央政治局第六次集体学习时强调 不断深化对党的理论创新的规律性认识 在新时代新征程上取得更为丰硕的理论创新成果》,《人民日报》2023年7月2日。

为公、人民至上与民为邦本、以德治国与为政以德、全面深化改革与革故鼎新、德才兼备与任人唯贤、人与自然和谐共生与天人合一、自信自强与自强不息、正确义利观与厚德载物、合作共赢与讲信修睦、真实亲诚理念与亲仁善邻，等等。

在解答时代课题、解决新时代中国问题进而推进理论创新上具有契合性。马克思主义和中华优秀传统文化都致力于解答新时代坚持和发展什么样的中国特色社会主义、怎样坚持和发展中国特色社会主义，建设什么样的社会主义现代化强国、怎样建设社会主义现代化强国，建设什么样的长期执政的马克思主义政党、怎样建设长期执政的马克思主义政党等时代课题。新时代中国特色社会主义，就是马克思主义同中国具体实际相结合、同中华优秀传统文化相结合的创新成果，只有理解"第二个结合"，才能真正理解和把握新时代中国特色社会主义，理解和把握新时代中国特色社会主义，就要理解和把握"第二个结合"；马克思主义是我们立党立国、兴党兴国的根本指导思想，也是建成社会主义现代化强国的根本指导思想，中华优秀传统文化可以为建设社会主义现代化强国提供坚实的文化支撑；中国共产党为什么能，归根结底在于马克思主义行,建设长期执政的马克思主义政党,离不开马克思主义,也离不开中国化时代化的马克思主义,中华优秀传统文化也可以为建设长期执政的马克思主义政党提供雄厚的文化基础。此外,马克思主义和中华优秀传统文化还共同助推强国建设、民族复兴与和平发展、合作共赢,有助于丰富人民精神世界、增强人民精神力量。在解答时代课题、解决新时代中国问题的过程中,马克思主义同中华优秀传统文化也有助于推进理论创新,它们的结合是推进理论创新的基本路径和必由之路。

在肩负新时代新的文化使命上具有契合性。马克思主义和中华优秀传统文化都共同助推文化繁荣、建设文化强国、建设中华民族现代文明,建设中华民族现代文明,本身就是马克思主义同中华优秀传统文化相结合所产生的新的文化生命体的题中应有之义。

在立足中国式现代化,破解"古今中西之争",进而巩固中华民族的文化主体性、加强党掌握文化的领导权方面具有契合性。中国式现代化,实质上就是"两个结合"的实践成果;如前所述,"第二个结合"产生的新的文化生命体与肩负的新的文化使命,其实质就是破解

"古今中西之争",破除"西方中心论"与文化复古主义、文化虚无主义,巩固中华民族的文化主体性,加强党对文化的领导权。

在理论气质和气度上具有契合性。马克思主义关于世界历史、解放全人类、真正的共同体等思想,中华优秀传统文化关于和而不同、协和万邦、兼济天下、世界大同、平治天下等思想,都具有人类情怀和世界关切,都倡导弘扬全人类共同价值,创造人类文明新形态,构建人类命运共同体。

第四个环节——"两脉"的有机结合产生"化学反应",造就了一个有机统一的新的文化生命体。关于新的文化生命体,前文有所论述。为深化理解这一概念,这里换一个角度。

首先,新的文化生命体是一个具有标识性、总体性、根本性、全局性、战略性的新概念。新的文化生命体的"新",就体现在它既具有马克思主义"魂脉"的基因,又具有中华优秀传统文化"根脉"的基因,是马克思主义基本原理同中华优秀传统文化相结合的产物。

其次,新的文化生命体是一种文化形态,具有与经济形态、政治形态、社会形态、生态形态相区别的边界性。它鼓励不同文化之间的交流和融合，注重对人类文化、文明的反思与借鉴，主张在不同文化体系之间形成一种相互补充、彼此共生的关系，以文化新形态推动构建人类文明新形态，从而为人类文明发展注入新的动力和活力。

再次，新的文化生命体具有生命特征。这里的生命是一个哲学范畴，它意味着生成和成长，意味着充满生机活力。这一生命体在吐故纳新中不断实现文化生命的自我更新，能够持续不断地推动文化自身的创新和发展，并以其自身旺盛的生命力之独特性为人类文明发展注入源源不断的活力。

最后，新的文化生命体的"体"是不忘本来、吸收外来、面向未来之"体"，是坚持包容、守正、创新之"体"，也是把中华优秀传统文化之根、中国具体实际之基、马克思主义之干和吸收人类文明一切有益成果之枝融为一体的"体"。

第五个环节——明体达用。这个"体"得达"用"，这里的"用"包含理论之用和实践之用：这一新的文化生命体的理论之用，就是进一步建构起中国式现代化的理论体系和话语体系，打开中国思想理论和思想文化的

## 文化何以重要
### 与大众谈新的文化生命体与中华民族现代文明

创新空间，以此解构"西方中心论"的理论体系和话语体系，破除文化复古主义和文化虚无主义，进而破解"古今中西之争"，巩固中华民族的文化主体性；这一新的文化生命体的实践之用，就是以其独特的文化形态为强国建设、民族复兴奠定深厚的文化根基，为和平发展、合作共赢提供丰厚的文化供给，为丰富人民精神世界、增强人民精神力量提供厚重的文化滋养。

第六个环节——新时代新的文化使命。习近平总书记指出，"在新的历史起点上继续推动文化繁荣、建设文化强国、建设中华民族现代文明"[①]是我们在新时代新的文化使命。这一新的文化使命作为一个系统整体性概念，其内部存在着逐步递进、逐渐提升的逻辑关系，它是从微观到中观再到宏观的渐进展开。推动文化繁荣是建设文化强国、建设中华民族现代文明的基础性工程，没有文化繁荣，就没有文化强国和中华民族现代文明；推进文化繁荣的首要目标就是建设文化强国，没有建设文化强国目标导向作用的发挥，文化繁荣和发展就会"迷航"

---

[①] 《习近平对宣传思想文化工作作出重要指示强调 坚定文化自信秉持开放包容坚守守正创新 为全面建设社会主义现代化国家 全面推进中华民族伟大复兴提供坚强思想保证强大精神力量有利文化条件》，《人民日报》2023年10月9日。

和"失重";建设文化强国更高的核心目标是建设中华民族现代文明,没有从中华优秀传统文化到中华民族现代文明的升华,就无法实现推动文化繁荣和建设文化强国由量到质的飞跃。过去,我们曾经把建设文化强国作为我国文化建设的最高目标,现在,我们在建设文化强国的基础上把建设中华民族现代文明作为最高目标,这是认识上的一种新的飞跃,也彰显出我国文化建设的世界意义。

第七个环节——巩固中华民族的文化主体性,坚持和巩固党的文化领导权。"任何文化要立得住、行得远,要有引领力、凝聚力、塑造力、辐射力,就必须有自己的主体性。"[1]新时代中国共产党在坚定道路自信、理论自信、制度自信的基础上增加了坚定文化自信,并将坚定文化自信上升到坚定"四个自信"中"最本质的自信"这一战略高度。而文化自信,就来自巩固中华民族的文化主体性与坚持和巩固党的文化领导权。有了中华民族的文化主体性,文化自信就有了根本依托,中国共产党就有了引领时代的强大文化力量。中华民族的文化

---

[1] 习近平:《在文化传承发展座谈会上的讲话》,《求是》2023年第17期。

主体性最终要落脚到坚持和巩固党的文化领导权上。党的文化领导权主要包括定级权、使用权、评价权、主导权等。

## 第十章 文化的力量

中国人特别重视文教,《礼记·学记》中讲,"古之王者建国君民,教学为先"。随着中国经济社会发展取得巨大成功,无论是文化寻根,抑或是文化反思,文化问题显得越来越重要,也越来越受关注。党的十八大以来,以习近平同志为核心的党中央把文化建设摆在了全局工作的重要位置,提出一系列新思想新观点新论断,形成了习近平文化思想。深入学习贯彻习近平文化思想,更好担负起新的文化使命,需要我们深刻认识和理解文化的力量。文化的力量通过与不同对象的关系来呈现,体现为对不同对象的作用和意义。本章尝试从文化与人、社会、民族、国家、政党、文明的关系等宏观层面,提纲式地呈现出文化的力量。

# 第十章　文化的力量

## 一、文化表征人的存在方式

这里讲的是文化与人的关系，文化本质上是"纹化""人化"，反过来，具有化人、育人的力量。

长期以来，人们从特定角度、立场和态度出发，形成了数百种关于"文化"的定义。这种在特殊文化现象中的游移和串动，使许多人对"文化"的理解错过了认识的机会。冯友兰曾经提出"别共殊"的概念，认为"一件一件的事物，我们称之为个体。一个个体，可属于许多类，有许多性……所以个体特殊的，亦称殊相。而每一类之理，则是这一类事物共同依照的，所以理是公共的，亦称共相"。要理解文化的本质，不能停留在"殊相"层面，而需要提升到哲学"共相"高度。从哲学上来讲，文化作为属人的存在，体现人的类特性，是人的类本质活动和人的内在本质力量的对象化，即自然的"人化"或"社会化"，是针对原始的自然而言的。人类"人化"自然，"社会化"人的自然属性，从自然中分化出人类社会，从客观世界中分化出主观世界，从而"纹"自然之人为文化之人。人从自然中脱胎"之所以异于禽兽者几希"，去掉文化属性，人将不成其为人。人的文化属性与自然属性、动物本能构成反比关系,对自然本能属性的"纹化"使人成其为人,这也就是"文化成人"。人对自然本能属性的"纹化"本质上是人的自我约束、突破和解放,"作为一个整体的人类文化,可以被称为人不断自我解放的历程"[1]。因此,恩格斯讲:"文化上的每一个进步,都是迈向自由的一步。"[2]

由于人之本质力量对象化的方式和载体不同,可以将文化区分为物质文化、制度文化、行为文化和精神文化等基本形态。这是对文化的广义化、宽泛化理解,与文明的含义相通,可能混淆了或掩饰了应该在它们之间加以辨别的东西。偏狭的文化论者把文化窄化为意识形态,也有人把文化窄化为艺术,这显然压缩甚至曲解了文化所应涵盖的整体内容。实际上,物质文化、制度文化、行为文化等具体文化形态,都是作为隐性的观念形态的精神文化的外显,而意识形态、艺术等仅是作为整体的精神文化的局部内容。在中华民族的历史传统和中国共产党的理论体系中,我们通常所讲的"文化",是

---

[1] [德]恩斯特·卡西尔:《人论》,上海译文出版社1985年版,第288页。
[2] 《马克思恩格斯文集》第9卷,人民出版社2009年版,第120页。

指在社会结构中与经济、政治和社会相对而言的观念形态的精神文化,包括知识、信念、艺术、道德、法律、风俗等。毛泽东指出:"一定的文化(当作观念形态的文化)是一定社会的政治和经济的反映,又给予伟大影响和作用于一定社会的政治和经济;而经济是基础,政治则是经济的集中的表现。这是我们对于文化和政治、经济的关系及政治和经济的关系的基本观点。"[1]

现实的人总是处在一定的社会关系之中,从而形成不同的人群共同体。马克思指出:"不同的共同体在各自的自然环境中,找到不同的生产资料和不同的生活资料。因此,它们的生产方式、生活方式和产品,也就各不相同。"[2] 不但物质生产如此,人的精神文化生产也是如此。由于时代、环境和条件的差异,不同的人群共同体在人之本质对象化的思路、方法、手段等方面会存在显著差异,形成了不同类型的文化。特定文化类型一旦形成,也就意味着某种精神秩序的形成与共同体成员对这一秩序的普遍肯定和遵循。这对置身其中的个体而言是一种既定的、先在的、具有强制性的文化环境,是限制个体

---

[1] 《毛泽东选集》第 2 卷,人民出版社 1991 年版,第 663—664 页。
[2] 《马克思恩格斯选集》第 2 卷,人民出版社 2012 年版,第 214 页。

行为变异的重要因素，也是代际之间传递、继承、累积的前提。现实生活中的人，都是处在一定文化环境中的人，并受到特定文化的塑造。"我们并不老是感到文化强制的力量，这是因为我们通常总是与文化所要求的行为和思想模式保持着一致。然而，当我们真的试图反抗文化强制时，它的力量就会明显地体现出来了。"[1]文化潜移默化地营造了人的精神秩序和规范，从而赋予人生价值和意义，成为人们共有的精神家园。文化是什么样的，生活于其中的人就是什么样的。因此，文化作为自然的"人化""社会化"，具有化人、育人的力量，是人所特有的存在方式。

## 二、文化是社会存续和发展的基础

这里讲的是文化与社会的关系，文化是社会和谐的黏合剂，具有凝聚和存续社会的力量。

由于文化对生活于其中的个人具有一种先在性的规

---

[1] ［美］C.恩伯、M.恩伯：《文化的变异——现代文化人类学通论》，杜杉杉译，辽宁人民出版社1988年版，第37页。

制作用，因此，社会作为由个人所构成的集合体被文化所深刻影响。毛泽东指出，"文化是不可少的，任何社会没有文化就建设不起来"[①]。文化对社会存续和发展具有整合、导向和驱动作用，是社会存续和发展的基础和前提。

文化是社会存续的黏合剂。一个社会得以形成和存续，需要一定的凝聚力和向心力，这就要求进行一定的社会整合。总的来讲，社会整合的力量不外三种：一是暴力强制，二是物质利益引诱，三是思想文化感召。暴力强制往往是"杀敌一千，自损八百"，维持暴力优势可能要付出更高的成本和代价。暴力强制立竿见影，但其结果通常是"口服心不服"，这不仅无法解决暴力自身的合法性问题，反而会埋下更大的风险和隐患。物质利益引诱具有收买功能，但物质利益的引诱和收买通常只在物质匮乏阶段起作用，而且会日趋加码，甚至会被出价更高者策反。同时，物质利益的消费还具有排他性，在总量一定的条件下 A 得多了，B 必定得少了。与此不同，思想文化以一种共同的价值理念、思维方式、集体心理、精神风貌对特定社会中的个体和组织潜移默化地

---

[①] 《毛泽东文集》第 3 卷，人民出版社 1996 年版，第 110 页。

## 文化何以重要
### 与大众谈新的文化生命体与中华民族现代文明

施加影响,形成心灵的秩序、精神的秩序、伦理的秩序,使整个社会不因政治力量割据、物质利益分化而出现分崩离析。中华民族栖息地环境和气候的多样性,催生了许多地域性文化。例如,东临沧海的齐鲁文化、四塞之地的三秦文化、天地之中的中原文化,以及长江流域的巴蜀文化、荆楚文化、吴越文化等,尽管风土人情不同,但在价值取向、思维方式和社会心理等方面具有高度一致性。中华文化具有向内凝聚的统一性追求,这种强大的凝聚力、整合力,使中国社会不因地理环境、经济结构、生活方式、政治形态等的差异而分裂,反而保持强大的向心力。

文化是社会发展的思想导引。恩格斯指出:"政治、法、哲学、宗教、文学、艺术等等的发展是以经济发展为基础的。但是,它们又都互相作用并对经济基础发生作用。"[1] 文化作为观念上层建筑是对一定经济基础和政治上层建筑的反映,但这种反映并不完全是被动的、单向度的。文化有其相对独立性,文化也有其不同于经济和政治的行动逻辑,同经济和政治始终存在一定的张

---

[1] 《马克思恩格斯文集》第 10 卷,人民出版社 2009 年版,第 668 页。

力。同时，文化一旦形成便具有了相对一定的物质基础和政治上层建筑而言更长久的生命时间和更宽广的生命空间。文化的这种特性，意味着文化必然会对一定的经济和政治进行维护或者批判，从而引导社会发展的方向。文化意味着一定的价值观，包含着评判真假、美丑、是非、善恶的标准，相对一定的经济和政治而言更具广泛性、持久性，是社会发展的导航灯、风向标。中华文化蕴含着丰富的哲学思想、人文精神、教化与道德理念，注重化人为善、劝人为善，形成了不惧艰辛、迎难而上、杀身成仁、舍生取义的君子之风，引领向上向善的社会风尚。

文化是社会存续和发展的精神动力。物质力量是社会存续的硬性基础，政治性力量是社会存续的刚性骨骼，文化则是社会存续的流动性血脉。物质基础、政治上层建筑的变迁很容易带来社会的刚性"藕断"，而文化作为流动的血脉能够使一个社会即便是"藕断"但依然"丝连"。千百年来，经济的结构、政治的形态在阴晴圆缺中早已变得面目全非，但中华文化的一脉相承、代代传承，让星星还是那个星星，我们依然是我们。文化不仅能维系社会的存续，而且是推动经济社会发展的力量。文化是经济社会发展的内燃机,文化兴衰与经济社会发展存在同频共振、互生共长的高度相连关系。这至少体现在以下五个方面:文化创造巨大价值,是经济发展的"强引擎";文化提升人类素质,是经济发展的"活力源";文化增进社会共识,是经济发展的"催化剂";文化塑造良好形象,是经济发展的"大磁场";文化提供不竭动力,是经济发展的"永动机"。文化润物无声,经济发展、政治进步、制度变革的背后都有思想文化等精神力量的孕育和支撑。

## 三、文化是民族的精神命脉

这里讲的是文化与民族的关系,文化作为民族独特的精神标识,具有凝聚民族、振兴民族的精神力量。

不同民族在长期的共同生产生活中形成了各具特色的民族文化,构成人类文化的基本实存形态。民族文化蕴含着一个民族世世代代在生产生活中形成和传承的世界观、人生观、价值观、审美观等,构成一个民族的精神血脉、文化基因。

文化是民族共有的精神家园。民族是人们在历史上由共同地域、共同语言、共同经济生活等要素所形成的具有共同的文化传统和民族自我意识的比较稳定的共同体。地理环境、语言文字、物质生产生活等因素是一个民族形成和存续的重要因素，但不是一个民族共同体区别于其他民族共同体必须具备的本质特征。民族自我意识和民族文化传统具有相对独立性和稳定性，是一个民族共有的精神家园、独特的精神标识。中华民族在漫长的融合发展进程中，形成了以爱国主义为核心的团结统一、爱好和平、勤劳勇敢、自强不息的伟大民族精神，"培育了共同的情感和价值、共同的理想和精神"[1]，是中华民族共有的精神家园，是中华民族多元一体大格局下民族团结之根、民族和睦之魂。习近平总书记指出："加强中华民族大团结，长远和根本的是增强文化认同，建设各民族共有精神家园，积极培养中华民族共同体意识。"[2] 精神、文化认同是更深层的民族认同，要把建设各民族共有精神家园作为加强民族团结的战略任务来抓。

---

[1] 习近平：《在文艺工作座谈会上的讲话》，人民出版社2015年版，第5页。
[2] 习近平：《论党的宣传思想工作》，中央文献出版社2020年版，第85页。

## 文化何以重要

### 与大众谈新的文化生命体与中华民族现代文明

中华优秀传统文化是中华民族共有的精神"根脉",增强民族凝聚力、向心力需要把各民族共有共享的中华文化符号和形象突出出来,使民族文化成为各民族人心归聚、精神相依、团结奋进的强大精神纽带。

文化强则民族强。人类社会发展的历史证明,没有强大的物质力量,一个民族不可能自尊、自立、自强;没有强大的精神力量,一个民族同样不可能自尊、自立、自强。民族的存续和发展需要物质力量、组织性的力量,但归根结底需要文化精神性的力量。文化如同空气一样,弥漫于生产生活的各个方面,是一种最广泛的、最为基本性的力量。文化如同大地一样,静悄悄地孕育、无声无息地滋养着一个民族,是一种最为厚重、最为深沉的力量。文化如同水一般,润物无声,却能够跨越时空,极具穿透力和感染力,不仅作用于一个民族的过去和现在,而且也作用于一个民族的未来。习近平总书记指出:"世世代代的中华儿女培育和发展了独具特色、博大精深的中华文化,为中华民族克服困难、生生不息提供了强大精神支撑。"[①] 民族历史日益成为世界历史的今天,中

---

[①] 习近平:《在文艺工作座谈会上的讲话》,人民出版社2015年版,第2页。

华优秀传统文化跨越时空而又贯通时空，是中华民族的突出优势，也是中华民族实现伟大复兴的强大精神力量。在经济发展取得巨大成功，历史性解决贫困问题后，中华民族把文化建设摆在了更加突出的位置，要在历史文化传承创新中建设中华民族现代文明，为世界文化繁荣发展作出新的更大贡献。可以说，没有中华文化的繁荣兴盛，就没有中华民族的伟大复兴，推动中华文化的繁荣兴盛是实现中华民族伟大复兴的重要内容和基本前提。

## 四、文化是国家的灵魂

这里讲的是文化与国家的关系，文化关乎国本、国运，具有立国、兴国和强国的力量。

"设神理以景俗，敷文化以柔远。"文化是国家的灵魂，事关国家主权、安全与形象。《左传》有言："国之大事，在祀与戎。"主流文化意识形态是国家政权的生命基础，以祭祀为象征的宣传思想文化工作展示并建构着国家政权的合法性，是古之王者建国君民的头等大事。16世纪德国宗教改革家马丁·路德也特别强调文化、文

## 文化何以重要
### 与大众谈新的文化生命体与中华民族现代文明

明对于一个国家的意义，认为一个国家的前途不取决于它的国库之殷实，不取决于它的城堡之坚固，也不取决于它的公共设施之华丽，而在于它的公民的文明素养，即人们所受的教育、人们的学识和品格，这才是利害攸关的力量所在。文化建构国家政权的社会认同基础，是国家主权的核心组成因素，是构成综合竞争力的重要软实力，代表国家政权的文明形象。离开文化支撑，丧失文明形象，政权分崩、国将不国。中华文化讲仁爱、重民本、守诚信、崇正义、尚和合、求大同，主张以道德秩序构建一个群己合一的世界，涵育了"近者悦，远者来"的东方礼仪之邦与文明古国形象。

历史文化决定国家发展道路。中华优秀传统文化不会随着时间的推移而变成落后的文化，是中国特色社会主义植根的文化土壤。今天的中国是历史中国的延伸，今天的中国文化是传统中国文化的绵延和发展。只有读懂中国的历史和文化，才能够更好地理解和把握今天立体的中国。底蕴深厚、历史久远、基因强大的中华优秀传统文化塑造了中国独特的国家形态和发展道路。习近平主席指出："中华民族的血液中没有侵略他人、称霸世界的基因，中国人民不接受'国强必霸'的逻辑，愿意同世界各国人民和睦相处、和谐发展，共谋和平、共护和平、共享和平。"[①] 中国走和平发展道路，不是权宜之计，更不是外交辞令，而是来源于自身独特的国家文化。

"文运同国运相牵，文脉同国脉相连。"历史经验表明，一个国家的兴盛往往与其文化的繁荣具有密切的正相关关系。文化兴则国运兴，文化强则国家强，文化是兴国强国的重要力量。盛世修文，伴随中国经济社会的快速发展，客观上要求文化建设向前推进。党的十七届六中全会提出了建设社会主义文化强国的目标，党的十九届五中全会明确提出到2035年建成文化强国的远景目标，并强调在"十四五"时期推进社会主义文化强国建设。进入新时代的十多年来，社会主义文化强国建设扎实推进，为拓展中国式现代化、建成社会主义现代化强国提供了思想指引、精神动力和价值支撑。习近平总书记指出："统筹推进'五位一体'总体布局、协调推进'四个全面'战略布局，文化是重要内容；推动高质量发展，文化是重要支点；满足人民日益增长的美好生活需

---

[①] 习近平：《论坚持推动构建人类命运共同体》，中央文献出版社2018年版，第107页。

要，文化是重要因素；战胜前进道路上各种风险挑战，文化是重要力量源泉。"[①] 中国式现代化是物质文明和精神文明相协调的现代化，我们要建成的社会主义现代化强国内蕴着物质文明、政治文明、精神文明、社会文明、生态文明的全面提升。今天的中国处于近代以来最好的发展时期，日益接近世界舞台中央，比以往任何时候都更加需要思想的引领、文化的滋养、精神的支撑。要把握历史机遇期，坚持中国特色社会主义文化发展道路，更好弘扬中华优秀传统文化，用好红色文化，发展社会主义先进文化，以文运启国运，以文化强国引领和支撑现代化强国。

## 五、文化是政党的精神旗帜

这里讲的是文化与政党的关系，文化建构政党履职的合法性，具有兴党、强党的力量。

执政党作为现代社会政治生活中的主导性角色，离

---

[①] 《习近平谈治国理政》第 4 卷，外文出版社 2022 年版，第 309—310 页。

不开文化的浸润,同时又以其特殊的政党文化反作用于政治文化、国家文化。文化,特别是政党文化是政党的一面精神旗帜,不仅赋予政党履职的正当性,而且关系着政党组织及其事业的成功。

文化赋予政党履职的正当性。"名不正则言不顺,言不顺则事不成。"政党的正当性或合法性问题是所有政党跻身政治舞台、履行政党职责要面对的首要问题。经济之利和政治之力对政党凝聚人心、整合社会的作用不容忽视,但经济之利和政治之力缺乏终极超越性,不能从根本上长久地赢得人心。"以利相交,利尽则散;以势相交,势去则倾;惟以心相交,方成其久远。"拿破仑也曾指出:"世上有两种力量:利剑和思想;从长而论,利剑总是败在思想手下。"马克思主义者强调经济、政治对文化的决定性作用,认为"占统治地位的思想不过是占统治地位的物质关系在观念上的表现,不过是以思想的形式表现出来的占统治地位的物质关系"[1],但也承认文化的相对独立性。纵观中外政治发展实践,政党履职,特别是执政党执政需要价值正当性和目的合理性。价值正当

---

[1] 《马克思恩格斯文集》第1卷,人民出版社2009年版,第550—551页。

性或目的合理性由特定历史经验、价值立场、伦理德行等文化因素所赋予，是经济之利和政治之力等具有正当性的前提和基础。多年前"端起碗来吃肉，放下筷子骂娘"的现象说明，政党履职的正当性从长远来讲取决于人们对政党的文化认同。"得民心者得天下，失民心者失天下"，如何促成民众的文化认同关系政党的兴衰成败。

百余年来，中国共产党始终是中国先进文化的积极引领者和践行者，也是中华优秀传统文化的忠实传承者和弘扬者。在新民主主义革命时期，党领导建设民族的、科学的、大众的新民主主义文化，赢得了民众的衷心支持和拥护；在社会主义革命和建设时期，党坚持"为人民服务、为社会主义服务"和"百花齐放、百家争鸣"的方针，积极探索建设社会主义文化，使马克思主义从党的意识形态上升为国家意识形态；在改革开放和社会主义现代化建设新时期，党深刻总结领导文化建设的历史经验，不断深化对文化发展规律的认识，积极建设社会主义先进文化；进入新时代，中国共产党站在新的历史起点上坚持"两个结合"，注重用社会主义先进文化、革命文化、中华优秀传统文化培根铸魂，继续推动文化繁荣、建设文化强国、建设中华民族现代文明，巩固了全党全国各族人民团结奋斗的共同思想基础。百余年文化建设，中国共产党由小到大、由弱变强，始终走在时代前列。中国共产党百余年文化成就展现了"行道""担纲"的文化形象，赢得了人民群众的文化认同，而这些辉煌的文化成就也成为兴党、强党的珍贵资源和伟大力量。

## 六、文化影响文明的命运

这里讲的是文化与文明的关系，文化对文明的形成、发展和变迁具有前提性作用。

首先，文化是文明产生的源头和基础。无论从概念层面，还是从实体层面来讲，文化和文明两者关系密切，甚至还被许多人混用。但是，两者实有不同，文化重心在"化"，即从自然蒙昧中开化，文明核心是"明"，即从野蛮到开明。人从自然中创造自身的文化，而这种文化只有发展积累到一定阶段、一定高度，且与人为善，才会产生文明。所以，文明是文化之善。一般认为，金属工具、文字、城市、阶级和国家的出现标志着文明的产生。从时间维度上讲，文化的出现要比文明早得多。从因果逻辑来讲，文化是文明生成、发育、变迁的土壤，是文明形成的重要原因之一，文明是文化积淀出的果实。文明建立在一定的文化基础之上，没有一定的文化积淀，文明就不能产生，也不可能发展。每一种文明都有其文化母体，但并不是所有的文化单元都能结出文明的果实。从内容属性来讲，文化作为人的创造性活动及其结果既有积极的一面，也有消极的一面，而文明则具有明确的价值指向，是文化中的精华部分，是文化之善的部分。从层次结构来讲，文化是文明的基础性元素，而文明是文化发展的高阶形态。概言之，文化作为文明的基础性、关键性因素，对文明的形成、发展、变迁具有前提性作用乃至一定程度上的决定性作用。

其次，文化的特性塑造文明的特性，并决定文明的存在形态和发展命运。文明是对文化荟萃和集大成的成果，不同的文化特性赋予文明不同的特性。文明兴衰是多种因素共同作用的结果，但文化特性是最为基本的因素。在人类历史的长河中，有许多原生或次生文明辉煌之后都已经中断或消失。古代两河流域文明中，人们崇尚武力，文化注重竞争性和征服性，缺乏和平性和包容性，兵戈不止，武力冲突成为该文明发展的主线，最终文明在外族的武力征服后消失。古埃及文明得惠于尼罗河，而尼罗河的季节性泛滥让这里适合种植庄稼，且不用精耕细作，这也使人们养成了保守、懒惰的习性；再加上贵族垄断知识和文化，缺乏开放性和平等性，极少的人会书写文字，文明传承很缺乏；对自然环境变迁的无能为力以及社会动荡使人口减少，特别是识字人口的急剧减少，最终导致文明的消失。中华文化源远流长，考古研究实证了我国"超百万年的文化根系，上万年的文明起步，五千年的古国，两千年的中华统一实体"[1]。中华文明从远古一直延续发展到今天，数千年连绵不断裂，可以说是人类文明发展的奇迹。"为什么中华民族能够在几千年的历史长河中顽强生存和不断发展呢？很重要的一个原因，是我们民族有一脉相承的精神追求、精神特质、精神脉络。"[2] 中华文化具有讲仁爱、重民本、守诚信、崇正义、尚和合、求大同的精神特质，与其他重要文化元素共同塑造出中华文明突出的连续性、创新性、

---

[1] 苏秉琦：《中国文明起源新探》，生活·读书·新知三联书店1999年版，第176页。
[2] 习近平：《论党的青年工作》，中央文献出版社2022年版，第82页。

统一性、包容性、和平性。中华优秀传统文化中的变易思维、革新意识、进取精神和大无畏气概等民族性元素，具有咬定目标、与时俱进、久久为功的特质，必然使中华文明在不断传承中吐故纳新，在守正创新中不断发展，在应时处变中不断升华，从而使其绵延不断，保持生机与活力。

最后，文化进步引领并推动文明升华。思想文化的发展状况，深刻影响人类文明的发展进程。当宗教神学思想文化占据主导地位时，欧洲陷入了长达千年的中世纪。文艺复兴、启蒙运动，开启了西方近代文明。明清两代，皇权专制和文化禁锢，"一种终古如此的固定的东西代替了一种真正的历史的东西"[1]，中华文明陷入停滞、衰落。五四新文化运动，从文化层面揭开了中华文明现代化转型的序幕。"两个结合"解放了思想，打开了文化空间，赢得了思想和文化主动。习近平总书记指出："人类社会每一次跃进，人类文明每一次升华，无不伴随着文化的历史性进步。"[2] 党的十八大以来，中华文化传承发

---

[1] ［德］黑格尔：《历史哲学》，王造时译，上海书店出版社2001年版，第123页。
[2] 习近平：《论党的宣传思想工作》，中央文献出版社2020年版，第93页。

展呈现出新的气象，开创了新的局面，中国特色社会主义文化事业日益繁荣，我们比以往任何一个时代都更有条件破解"古今中西之争"。站在历史的十字路口、人类文明的十字路口，"旧邦新命"的中华民族有能力也有信心以新的文化进步为建设中华民族现代文明、创造人类文明新形态、推动人类文明发展进步作出新的更大贡献。而要承担好这一新的文化使命，需要我们在新的起点上继续坚持以马克思主义为指导思想，坚守中华文化立场，在"第二个结合"中推动文化繁荣兴盛，实现新的文化进步。